Logisch!

neu

Deutsch für Jugendliche

Kursbuch A2

W0058543

von
Stefanie Dengler
Sarah Fleer
Paul Rusch
Cordula Schurig

Ernst Klett Sprachen

Stuttgart

Von
Stefanie Dengler, Sarah Fleer, Paul Rusch, Cordula Schurig
Trainingskapitel im Kursbuch von Katja Behrens, Stefanie Dengler, Sarah Fleer und Helen Schmitz

Redaktion:
Sabine Franke

Projektleitung:
Angela Kilimann

Gestaltungskonzept und Layout:
Andrea Pfeifer

Umschlaggestaltung:
Andrea Pfeifer; Cover-Foto: iordani, shutterstock.com

Zeichnungen:
Anette Kannenberg und Daniela Kohl

Satz und Litho:
Satz & mehr, Besigheim

Gutachter: Birgitta Fröhlich (Goethe-Institut Madrid), Dr. Ferrel Rose (Bowling Green High School, Kentucky)

Redaktion und Verlag bedanken sich bei der Staatlichen Realschule Vaterstetten und allen beteiligten Personen für ihr Engagement und ihre Mitwirkung bei den Fotoaufnahmen.

Logisch! neu – A2 – Materialien		Logisch! neu – A2 in Teilbänden	
Kursbuch A2 mit Audios zum Download	605211	Kursbuch A2.1 mit Audios zum Download	605213
Arbeitsbuch A2 mit Audios zum Download	605212	Arbeitsbuch A2.1 mit Audios zum Download	605214
Lehrerhandbuch A2 mit Video-DVD	605217	Kursbuch A2.2 mit Audios zum Download	605215
Intensivtrainer A2	605218	Arbeitsbuch A2.2 mit Audios zum Download	605216
Testheft A2 mit 2 Audio-CDs	605219		
Digitale Unterrichtssoftware A2	NP00860522001		

In einigen Ländern ist es nicht erlaubt, in das Kursbuch hineinzuschreiben.
Wir weisen darauf hin, dass die in den Arbeitsanweisungen formulierten Schreibaufforderungen immer auch im separaten Schulheft erledigt werden können.

Audios zum Kursbuch:
„Besonderer Tag", Musik und Text (S. 30, Tracks 1.23 und 1.24) von Culcha Candela © EMI Music Publishing Germany GmbH, © Hanseatic Musikverlag GmbH & Co. KG, © Kobalt Music Publishing Limited, Label: Universal Music Entertainment GmbH / Urban
Aufnahme und Schnitt: Heinz Graf/Christoph Tampe
Regie: Heinz Graf, Toni Nirschl und Angela Kilimann
Produktion: Tonstudio Graf, 82178 Puchheim/Plan 1, München
Sprecherinnen und Sprecher: Katja Brenner, Vincent Buccarello, Stephan Guera-Sotello, Jakob Gutbrod, Vanessa Jeker, Angela Kilimann, Jana Kilimann, Barbara Kretzschmar, Crock Krumbiegel, Sebastian Mann, Charlotte Mörtl, Sebastian Müller, Jakob Riedl, Leon Romano-Brandt, Anja Stadler, Peter Veit, Julia Wall, Ruth Althammer, Claudia Kaffka-Jutzi, Matteo Jutzi, Marco Diewald, Sofia Lainovic, Philip Lainovic, Christian Noaghiu, Katharina Müller
Audio-Dateien zum Download unter www.klett-sprachen.de/logisch-neu/audiosA2
Audios Kursbuch A2, Kapitel 1–8: Code: logNeu2f&C6
Audios Kursbuch A2, Kapitel 9–16: Code: logNeu2g&C6

Besuchen Sie uns auch im Internet:
www.klett-sprachen.de/logisch-neu

1. Auflage   1 5 4 3 | 2023 22 21

Druck und Bindung: DRUCKEREI PLENK GmbH & Co. KG, Berchtesgaden

ISBN 978-3-12-**605211**-5

So geht's – Logisch!

Wiederholung

Wisst ihr noch alles aus Logisch! A1?
In Kapitel 0 könnt ihr vieles wiederholen: www.klett-sprachen.de/logisch-neu

Kennt ihr mich noch?
Ich heiße Dora und gebe
euch Tipps zum Deutschlernen.
Hier erkläre ich euch Logisch!
Und die kennt ihr auch
schon, die Freunde
aus Logisch! A1.

Kolja Nadja Jannik Pia Plato Paul Robbie Anton

Symbole

 Hört die Gespräche.

 Hört und sprecht mit.

 Vergleicht eure Sprache mit Deutsch oder anderen Sprachen – und umgekehrt.

 Hierzu gibt es im Lehrerhandbuch Kopiervorlagen mit Vorschlägen zu fächerübergreifendem Lernen (CLIL).

 Hier lernt ihr Schreiben.

 Seht das Video.

 Hier gibt es Anregungen für Projekte.

 Hier übt ihr für eine Prüfung (im Arbeitsbuch).

Kursbuch und Arbeitsbuch

Zu jeder Aufgabe im Kursbuch gibt es eine Übung im Arbeitsbuch:
Zu Aufgabe **1** im Kursbuch gehört Übung **1** im Arbeitsbuch.
Einfach Logisch!

Es gibt vier Trainingskapitel. In jedem Training im Kursbuch findet
ihr eine Übersicht über die Grammatik. Ihr bekommt wichtige Tipps
für die Fertigkeiten Hören, Lesen, Sprechen oder Schreiben und
für Prüfungen auf Niveau A2. Außerdem gibt es Aufgaben für eure
Kreativität und Fantasie mit Informationen über Deutschland, Österreich
und die Schweiz. Im Arbeitsbuch gibt es auch vier Trainingskapitel.
Hier findet ihr Aufgaben zur Sprachmittlung und Sprechtrainings.

Logisch! neu A2 – Inhalt

1 Nach den Ferien

Wir lernen:
Freizeitaktivitäten | Zweifel ausdrücken |
Himmelsrichtungen | Zeitangaben im Tagesablauf |
Briefe verstehen | Vermutungen ausdrücken
gern, lieber, am liebsten | Perfekt (I): regelmäßige
Verben

1 Meine Ferien

a Seht die Fotos an und hört die Szenen. Welches Bild passt? Was machen die Personen?

wandern   segeln   campen   angeln   grillen

Auf Bild 5 segeln die Leute.

b Was kann man in den Ferien noch machen? Sammelt zu zweit und vergleicht in der Klasse. Notiert die Aktivitäten an der Tafel.

lange schlafen, Eis essen, ...

c Wie heißen die Aktivitäten aus 1b auf Englisch und in euren Sprachen? Vergleicht: Welche Wörter sind ähnlich?

Deutsch	Englisch	Meine Sprache
schwimmen	to swim	...

d Was macht ihr in den Ferien gern? Sprecht in der Klasse.

● Wanderst du gern?

● Was machst du in den Ferien gern?

● Was machst du am liebsten?

□ Ja, sehr gern.
■ Nein, ich schwimme lieber.
○ Ich spiele gern Volleyball. Aber noch lieber surfe ich.
▷ Am liebsten schlafe ich.
▶ Ich finde Camping super.
○ Ich bin am liebsten am Meer.

gern, lieber, ...
☺ gern
☺☺ lieber
☺☺☺ am liebsten

e Wer macht das auch gern? Fragt die anderen Schülerinnen und Schüler und findet zwei Partner.

Ich spiele gern Tennis. Du auch, Carola?

Ja, ich spiele auch gern Tennis.

Und du, Mark, spielst du gern Tennis?

Nein, ich spiele lieber Fußball.

2 Ist das wahr?

1.2

a Seht die Fotos an und hört das Gespräch. Ratet in der Klasse:
Was ist wahr, was stimmt nicht?

Also, ich habe einen Fisch geangelt. 1 Meter 50 lang!

Echt? Und ich bin allein nach England gesegelt.

Wirklich? Ich habe zwei Wochen gecampt und ich habe einen Wolf gerettet.

Einen Fisch? Das glaube ich nicht.

1

2

3

• •
Das glaube ich nicht. • Das kann nicht stimmen. • Das kann nicht sein. • Das ist nicht wahr. •
Echt? • Wirklich? • Das stimmt vielleicht. • Ja, vielleicht ist das wahr. • Das ist wahr.
• •

b Was erzählen die Jungen? Macht Sätze und schreibt sie ins Heft.

einen Wolf	geangelt
nach England	gecampt
einen großen Fisch	gerettet
2 Wochen	gesegelt

Perfekt: regelmäßige Verben

ich habe **ge**camp**t**
er hat **ge**angel**t**
er **ist ge**segel**t**

Von A nach B: Perfekt mit „sein".

Ein Junge hat einen großen Fisch geangelt.

3 Was habt ihr in den Ferien gemacht?

a Macht Sätze. Die Sätze müssen nicht wahr sein.

	einen Schuh	gespielt.
	sieben Stunden	gecampt.
	Fußball / …	geangelt.
Ich habe	allein im Wald	gesurft.
	auf Hawaii	gejoggt.
Ich bin	ohne Schuhe	gemacht.
	nichts / viel	getanzt.
	…	…

Ich habe einen Schuh geangelt.

Das ist wahr.

Ich bin sieben Stunden gejoggt.

b Arbeitet zu dritt. Lest die Sätze aus 3a vor. Ratet: Was ist wahr? Was stimmt nicht?

4 Gerettet!

a Lest den Artikel aus der Zeitung. Wer ist Tim?

Norden
Westen — Osten
Süden

Schüler rettet Wolf

Rügen
Rostock
Schwerin
Mecklenburg-Vorpommern
Elbe
Brandenburg

Seit ein paar Jahren gibt es wieder Wölfe in Mecklenburg und manchmal brauchen sie Hilfe.

Der Schüler Tom K., 14 Jahre alt, hat Ferien im Süden von Mecklenburg gemacht. Am Samstag nach dem Frühstück ist Tom allein im Wald gewandert und hat ein Weinen gehört. Er hat eine halbe Stunde gesucht. Und … was für ein Schreck: Ein junger Wolf war schwer verletzt in einer Falle. Der Wolf war schon schwach und hat Hilfe gebraucht. Tom hat mit seinem Handy Hilfe geholt. Polizei und Feuerwehr waren nach dreißig Minuten da.

Der Wolf heißt jetzt Tim und war zuerst drei Tage in einer Tierklinik. Heute lebt er in einem Wildpark und bleibt dort. In den nächsten Ferien will Tom wieder nach Mecklenburg kommen und Tim besuchen.

b Lest die Fragen und sucht die Antworten im Text. Schreibt die Antworten ins Heft.

1. Warum war Tom in Mecklenburg?
2. Was hat Tom allein im Wald gemacht?
3. Warum hat er etwas gesucht?
4. Was hat Tom dann gemacht?
5. Wo ist der Wolf jetzt?

> *Bei „haben" und „sein" nimmt man Präteritum: Ich war im Wald und hatte Angst.*

1. Tom hat dort Ferien gemacht.

c Was passiert in der Geschichte? Macht Kärtchen. Achtet auf die Zeitform.

Hilfe brauchen • ein Weinen hören • Ferien im Norden von Deutschland machen • in der Tierklinik sein • im Wald wandern • Hilfe holen • Tim besuchen wollen • eine halbe Stunde suchen • in einer Falle sein • schwach und verletzt sein • in einem Wildpark leben

Satzbau im Perfekt

| Tom | hat | Hilfe | geholt. |
| Er | ist | im Wald | gewandert. |

hat Hilfe gebraucht

war in der Tierklinik

will Tim besuchen

d Arbeitet in Gruppen. Sortiert die Kärtchen und erzählt die Geschichte.

> *Tom hat Ferien gemacht.*

5 Antons Ferien

a Hört das Gespräch. Wo war Anton in den Ferien?

1.3

b Hört das Gespräch noch einmal und macht Notizen an der Tafel. Was hat Anton wann gemacht?

> Nach dem Frühstück: Sport machen
> Am Vormittag
> Am Mittag
> Am Nachmittag
> Vor dem Abendessen
> Nach einer Woche

> mit Bällen üben • putzen • kochen •
> eine Pyramide bauen • Sport machen •
> zaubern • Ordnung machen

c Erzählt in der Klasse.

> Nach dem Frühstück hat Anton Sport gemacht.

Wann? – am, vor, nach …

Am Vormittag
Vor dem Frühstück
Nach der Schule

6 Feriengrüße

a Lest den Brief. Was bekommt Antons Oma?

> Glücksdorf, den 11. Juli
>
> Liebe Oma,
>
> im Zirkuscamp war es wirklich toll. Ich habe viel gelernt.
> Wir haben mit Bällen geübt, Akrobatik gemacht und eine
> Pyramide gebaut. Ich kann jetzt auch schon viel besser
> zaubern! Nur das Wetter war schlecht. Es hat die ganze
> Woche geregnet.
>
> Ich schicke dir ein kleines Souvenir aus dem Zirkus.
> Die Clownsnase habe ich extra für dich gekauft.
> Du feierst doch so gern Karneval!!!
>
> Wie geht es dir?
> Komm uns doch bald wieder besuchen!
>
> Viele Grüße
> dein Anton

> Anton Kern
> Kronenstr. 77
> 54321 Glücksdorf
>
> Marie Funke
> Jechenstr. 11
> 40111 Köln

b Was schreibt man in einem Brief am Anfang, was am Ende? Sortiert im Heft.

> Tschüs • Dein/Deine … • Liebe …, • Herzliche Grüße •
> Lieber …, • Liebe Grüße • Hallo …, • Viele Grüße • Bis bald

c Sucht einen Partner oder eine Partnerin. Schreibt euch einen kurzen Brief.

d Vergleicht Adresse, Absender und Postleitzahl auf dem Briefumschlag in 6a mit Briefen in eurem Land.

7 Betonung im Satz

a Hört die Sätze. Was ist betont? Sprecht nach und klopft die Betonung.

1.4

Hast du Oma die Nase geschickt?

b Hört die Sätze A, B und C. Achtet auf die Betonung. Welche Antwort passt?

1.5

1. Nein, das war Maria.
2. Nein, die habe ich gestern gemacht.
3. Nein, die habe ich noch nicht gemacht.

Zu Satz A passt …

c Sprecht und klopft die Betonung. Was ist betont? Die Fragewörter helfen euch.

1. Was? Ich habe eine Postkarte gekauft.
2. Wann? Lisa war in den Ferien in Berlin.
3. Wer? Tom hat den Wolf gerettet.
4. Wo? Anton war in einem Zirkuscamp.
5. Was? Er zaubert gern.

d Hört zur Kontrolle. Sprecht nach und klopft die Betonung.

1.6

8 Souvenirs, Souvenirs!

a Lest die Nachrichten. Wer hat welches Souvenir gekauft? Zwei Souvenirs passen nicht.

Österreich

Samuel: Heute waren wir in Salzburg. Das Mozart-Museum war nicht so interessant, aber die Burg war toll! Da möchte ich gern wohnen ;-)

Schweiz

Olivia: Wir sind am Wochenende in die Berge gefahren. Zuerst sind wir drei Stunden gewandert, dann haben wir zwei Stunden Pause gemacht.

Deutschland

Emil: Grüße aus dem Norden von Deutschland! Ich besuche meine Tante an der Nordsee und lerne surfen. Das ist schwer, aber es macht Spaß.

1   2   3   4   5

Ich glaube, Souvenir 1 ist von …

Wahrscheinlich …

Souvenir … passt nicht.

b Wo wart ihr in den Ferien? Wählt ein Foto und schreibt eine Nachricht aus den Ferien wie in 8a an einen Partner oder eine Partnerin.

c Projekt: Städte-Spiel. Was kann man dort sehen?

Sucht im Internet Informationen und Fotos zu den sechs Städten. ● Würfelt und nennt <u>eine</u> Information zu der gewürfelten Stadt. ● Dann würfelt der Nächste. ● Jede Information kann man nur einmal nennen. ● Würfelt so lange, bis ihr keine neuen Informationen mehr habt. ● Wer kann am längsten würfeln?

 Wien    Berlin    Zürich    Frankfurt    Innsbruck    Basel

Kannst du das schon?

Freizeitaktivitäten
– Ich spiele gern Volleyball/Tennis/Fußball.
– Ich schwimme gern. / Ich tanze gern. / Ich surfe gern.

gern, lieber, am liebsten
– Ich wandere gern. Aber lieber schwimme ich.
– Ich tanze nicht so gern. Ich spiele lieber Fußball.
– Am liebsten schlafe ich.
– Ich finde Segeln super.

Zweifel ausdrücken
– Das glaube ich nicht. / Das ist nicht wahr. / Das kann nicht stimmen. / Das kann nicht sein.
– Das stimmt vielleicht. / Vielleicht ist das wahr.

Perfekt (I): regelmäßige Verben
– angeln – er hat geangelt / campen – ich habe gecampt / retten – er hat gerettet / spielen – sie hat gespielt
– segeln – er ist gesegelt / joggen – wir sind gejoggt

Himmelsrichtungen
– der Norden / der Osten / der Süden / der Westen

Zeitangaben im Tagesablauf
– Nach dem Frühstück mache ich Sport.
– Am Vormittag bin ich in der Schule.
– Am Mittag …
– Am Nachmittag …
– Vor dem Abendessen …

Briefe verstehen
– Liebe/Lieber …, / Hallo …,
– Tschüs / Liebe Grüße / Viele Grüße / Herzliche Grüße / Bis bald, dein/deine / Dein/Deine …

Vermutungen ausdrücken
– Vielleicht kommt es aus Berlin.
– Wahrscheinlich ist die Schokolade aus Österreich.
– Ich glaube, das Souvenir ist aus der Schweiz.

– Wirklich?
– Ja, sehr gern.
– Das glaube ich nicht.

Noch einmal, bitte

Freizeitaktivitäten
Was macht ihr gern? Macht drei Sätze.

gern, lieber, am liebsten
Was machst du gern? Was machst du lieber? Was machst du am liebsten?
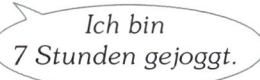

Zweifel ausdrücken
Ich bin 7 Stunden gejoggt.

Ihr glaubt das nicht. Macht drei Sätze.

Perfekt (I)
Nennt das Perfekt:
angeln, campen, retten, spielen, segeln, joggen

Himmelsrichtungen
Wie heißen die vier Himmelsrichtungen?

Zeitangaben
Was macht ihr wann? Schreibt fünf Sätze zu eurem Tag.

Briefe verstehen
Was steht am Anfang und am Ende eines Briefs? Schreibt auf.

Vermutungen ausdrücken
Ihr bekommt ein Souvenir. Was ist das? Woher kommt es? Notiert drei Vermutungen.

Wirklich?

2

Wir lernen:
über Schule sprechen | Vorlieben ausdrücken |
sagen, dass man etwas nicht verstanden hat
Perfekt (II): unregelmäßige Verben | *Welch-?*
im Akkusativ | *mein, dein, …* im Akkusativ

In der Schule

1 Janniks erster Schultag

a Was hat Jannik am ersten Schultag gemacht? Ordnet die Sätze den Bildern zu.

> Satz A passt zu
> Bild 1.

A Jannik hat seinen Freund Max gesehen.
B Jannik und Nadja haben Pizza gegessen.
C Jannik ist mit der Mutter zur Schule gegangen.

D Die Mutter hat Jannik in die Klasse gebracht.
E Die Lehrerin hat mit Jannik gesprochen.
F Jannik hat Nintendo gespielt.

1.7

b Was hat Max gemacht? Macht Sätze und hört zur Kontrolle. Wie heißt der Infinitiv zu den Verben?

> Lernt das
> Verb und die Perfektform
> zusammen! „sehen –
> gesehen"

Max hat seinen Freund Jannik gesehen.
→ sehen
…

Perfekt: unregelmäßige Verben

sehen	ge – seh – **en**
sprechen	ge – **sproch** – **en**
bringen	ge – **brach** – t

2 Wisst ihr das noch?

 Was habt ihr am ersten Schultag gemacht? Lest die Fragen und schreibt ins Heft.

1. Wer hat dich in die Schule gebracht?
2. Welche Freunde hast du getroffen?
3. Haben dir deine Eltern etwas geschenkt?

3 Das war ein Tag!

a Lest die Texte A–C. Hört das Gespräch. Was erzählt Nadja? Stimmt A, B oder C?

A Gestern war der erste Schultag von Jannik. Die Oma hat ihm eine Schultüte gegeben. Jannik war glücklich, aber er hat Nadja genervt.

B Jannik ist zum ersten Mal in die Schule gegangen. Dann haben alle in der Pizzeria gegessen. Die Mutter hat eine Party organisiert. Das war cool!

C Papa hat Jannik ein Computerspiel geschenkt. Die Mutter hat für Jannik und Nadja Klamotten gekauft. Nadja findet das toll.

b Was war an Janniks erstem Schultag? Was passt zusammen?

> gegeben • geschenkt • organisiert • passiert • gekommen

> Was ist an Janniks Schultag ...?
> Oma hat Jannik eine Schultüte ...
> Nach der Schule ist Oma ...
> Oma hat Jannik ein Spiel ...
> Die Mutter hat eine Party ...

Perfekt: Verben mit -ieren

organisieren – organisiert
Sie hat eine Party organisiert.
passieren – passiert
Was **ist** passiert?

~~ge~~passiert

4 Die Schule hat wieder begonnen.

Arbeitet zu dritt. Was habt ihr heute gemacht? Was passt zu den Verben im Kasten? Sammelt Ideen. Erzählt dann eine Geschichte über den Schultag.

> gehen • suchen • sehen • sprechen • bringen • hören

> gehen – in die Klasse
> suchen – die Hefte

> *Wir sind am Morgen in die Klasse gegangen.*

5 Langes e, kurzes e und schwaches e

a Lang oder kurz? Hört die Wörter und sortiert im Heft.

> reden • essen • treffen • geben • kennen • sehen • schenken • denken • gehen • lesen

langes e	kurzes e
reden	essen

b Schwaches e bei -e, -en und ge-. Hört und sprecht mit.

ich esse – ich habe gegessen • ich treffe – ich habe getroffen • ich gebe – ich habe gegeben • ich sehe – ich habe gesehen • ich lese – ich habe gelesen

c Wo spricht man ein schwaches e? Sprecht leise. Hört zur Kontrolle.

Er ist nach Hause gegangen. • Ich treffe heute Inge. • Hast du Helge getroffen? • Ich habe meine Zeitung gelesen. • Ich kenne eine Geschichte. • Ich habe meine Freunde gesehen.

6 Projekttage in der Schule

a Lest das Programm für die Projekttage. In welchen Fächern gibt es Projekte? Notiert das Fach und wichtige Wörter.

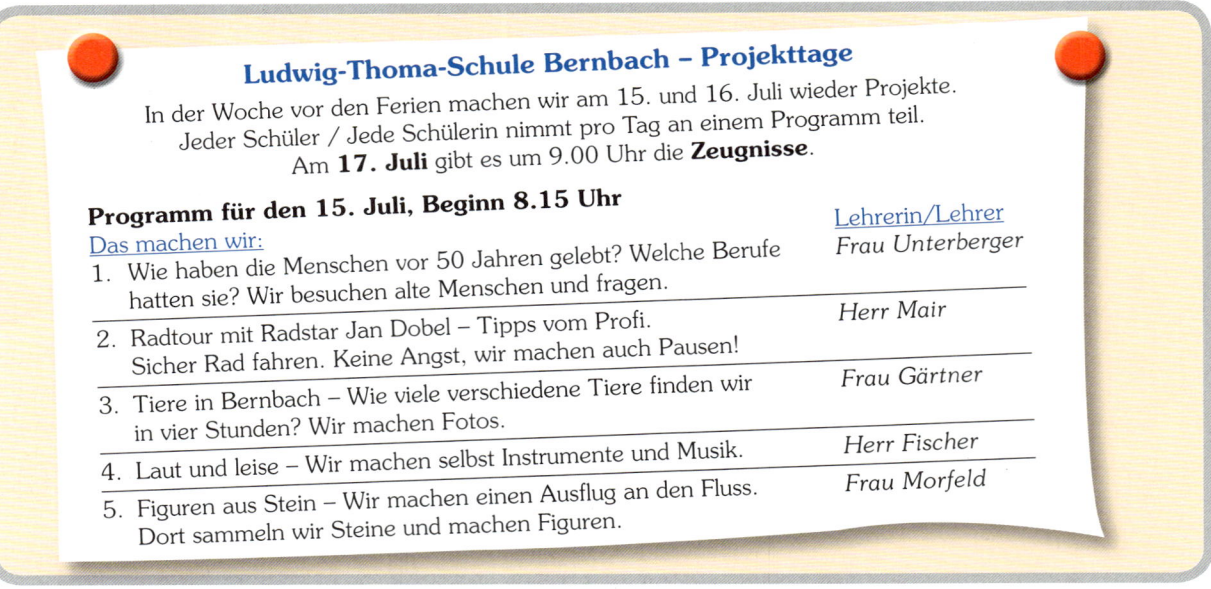

Ludwig-Thoma-Schule Bernbach – Projekttage

In der Woche vor den Ferien machen wir am 15. und 16. Juli wieder Projekte.
Jeder Schüler / Jede Schülerin nimmt pro Tag an einem Programm teil.
Am **17. Juli** gibt es um 9.00 Uhr die **Zeugnisse**.

Programm für den 15. Juli, Beginn 8.15 Uhr

Das machen wir:	Lehrerin/Lehrer
1. Wie haben die Menschen vor 50 Jahren gelebt? Welche Berufe hatten sie? Wir besuchen alte Menschen und fragen.	Frau Unterberger
2. Radtour mit Radstar Jan Dobel – Tipps vom Profi. Sicher Rad fahren. Keine Angst, wir machen auch Pausen!	Herr Mair
3. Tiere in Bernbach – Wie viele verschiedene Tiere finden wir in vier Stunden? Wir machen Fotos.	Frau Gärtner
4. Laut und leise – Wir machen selbst Instrumente und Musik.	Herr Fischer
5. Figuren aus Stein – Wir machen einen Ausflug an den Fluss. Dort sammeln wir Steine und machen Figuren.	Frau Morfeld

Geschichte: alte Menschen, Berufe, Leben vor 50 Jahren

1.12

b Hört das Gespräch. Was machen Petra und Andreas? Was mögen sie, was mögen sie nicht?

> Petra findet das Sportprogramm …

c Hört das Gespräch noch einmal. Welche Ausdrücke hört ihr?

1. … mag ich (total) gern. • 2. Das mag ich nicht. • 3. Das finde ich klasse. •
4. Es geht. • 5. Das finde ich blöd. • 6. Das gefällt mir nicht. •
7. Das gefällt mir besonders gut! • 8. Das ist doch toll! • 9. Ich weiß nicht. •
10. Ich mache lieber … • 11. Ich mag lieber …

> Ich habe Nummer 1 gehört: Musik mag ich gern.

d ☺, 😐 oder ☹? Ordnet die Ausdrücke aus Aufgabe 6c. Schreibt sie ins Heft.

☺	😐	☹
… mag ich gern.		

7 Projekt: Unser Programm

Sammelt Ideen und macht ein Programm für einen Projekttag „Deutsch!".

Sammelt zu dritt Ideen: Was kann man in eurer Schule und in eurer Stadt zum Thema „Deutsch!" machen?
● Organisiert ein Programm für den Projekttag.
● Präsentiert das Programm in der Klasse.
● Welches Programm findet ihr am besten?

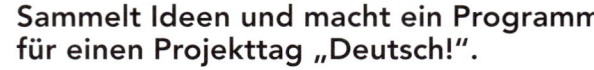

8 Zwei Projektgruppen berichten

a Lest die Texte. Was hat den Schülern am besten gefallen?

Wir waren in der Bäckerei und haben mit dem alten Bäcker Johann gesprochen. Er hat Fotos gezeigt. Viele Leute haben früher nur eine Sorte Brot gekauft: Schwarzbrot und nur manchmal Weißbrot für den Sonntag. Nur wenige Leute haben Brötchen gegessen. Sie waren zu teuer. Johann sagt, heute ist das Brot nicht mehr gut. Er hat mit uns Brezeln gebacken. Das ist gar nicht einfach! Unsere Brezeln haben ganz toll geschmeckt. (Ines, Mara und Josip)

Das haben Mehmet und ich gemacht. Wir haben viele Steine gesammelt: groß und klein, in allen Farben. Und dann haben wir Figuren gebaut. Wisst ihr, was das auf dem Foto ist? Die Figur heißt Lenny. Wir haben ein Foto von Lenny gemacht. Und dann haben wir die Steine ins Wasser geworfen, Stück für Stück. Das hat echt Spaß gemacht. (Mehmet und Jan)

b Lest die Fragen und sucht die Antworten in den Texten. Arbeitet zu zweit.

1. Welches Projekt haben die Schüler gemacht?
2. Welche Sorte Brot haben die Leute gekauft?
3. Was haben Ines, Mara und Josip gebacken?
4. Was haben die Schüler gesammelt?
5. Welchen Namen hat die Figur?
6. Wie findet Johann jetzt das Brot?

> *Ines, Mara und Josip haben mit dem Bäcker …*

9 Umfrage in der Klasse: Unsere Schule

a Arbeitet in Gruppen. Schreibt fünf Fragen für die Umfrage ins Heft.

Welchen …   findest du gut/schlecht?
Welches …   magst du / magst du nicht?
Welche …   möchtest du …?

> das Buch • der Lehrer • die Hausaufgabe • die Lehrerin • die Sprache • die Note • das Fach • das Spiel • das Projekt • der Wochentag • Ferien

1. Welche Sprache möchtest du lernen?
2. Welchen …?

Welch-? im Akkusativ

der Wochentag	Welch**en** Wochentag …?
das Fach	Welch**es** Fach …?
die Note	Welch**e** Note …?
die Projekte	Welch**e** Projekte …?

b Fragt die Schüler in den anderen Gruppen. Stellt das Ergebnis in der Klasse vor.

> *Drei Schüler möchten Chinesisch lernen. Fünf wollen …*

> *Viele finden …*

10 Viel zu laut!

1.13

a Welche Ausdrücke hört ihr? Macht Notizen und vergleicht in der Klasse.

A Können Sie das bitte wiederholen?
B Sprich ein bisschen lauter, bitte.
C Wie bitte? Ich verstehe dich nicht.
D Bitte?
E Was hast du gesagt?

F Noch mal!
G Das habe ich nicht verstanden.
H Entschuldigung, was haben Sie gesagt?
I Noch einmal, bitte!
J Sprich bitte deutlicher.

b Aufräumen nach dem Projekt. Wer sagt was? Lest die Sprechblasen und ordnet zu.

Das ist ja ein Chaos! Holt eure Sachen, bitte!

Hat jemand meinen Schlüssel gesehen?

Nadja, ich habe dein Handy gefunden!

Brauchen Sie Ihre Brille nicht mehr, Frau Müller?

Frau Müller sagt, …

c Jeder sucht seine Sachen. Ordnet die Sätze und schreibt sie ins Heft.

Ich suche ——
Nadja, ich habe
Paul findet
Frau Müller, ich habe
Pia braucht
Habt ihr jetzt

sein Heft.
eure Sachen?
deinen Ohrring!
meine Tasche.
ihren Farbstift.
Ihre Brille!

Ich suche meine Tasche.

mein, dein, sein, … im Akkusativ	
Ich suche	mein**e** Tasche.
Suchst du	dein**e** Uhr?
Kolja sucht	sein**en** Schlüssel.
Nadja findet	ihr Handy.
Holt	eur**e** Sachen!
Brauchen Sie	Ihr**e** Brille?

d Wie ist das in deiner Sprache? Schreib die Sätze und vergleiche.

Ich suche mein**e** Tasche.
die/ein**e** Tasche.

Nadja, ich habe dein**en** Ring!
de**n**/ein**en** Ring!

Paul findet sein Buch.
das/ein Buch.

11 Wie bitte?

Sammelt von allen Schülern einen Gegenstand ein. Mischt die Sachen und verteilt sie in der Klasse. Geht im Klassenzimmer herum und sucht euren Gegenstand. Verwendet die Ausdrücke aus 10a, b und c.

Ich suche mein Handy.

Was hast du gesagt?

Hast du mein Handy?

Noch einmal, bitte!

Ich habe meinen Schlüssel verloren.

Entschuldigung, was hast du …

Kannst du das schon?

über Schule sprechen
- Ich bin zur Schule gegangen.
- Ich habe meine Freunde gesehen/getroffen.
- Ich habe mit der Lehrerin / mit dem Lehrer gesprochen.
- In Biologie/… haben wir ein Projekt gemacht.

Vorlieben ausdrücken
- Biologie/… mag ich gern / mag ich nicht.
- Deutsch/… gefällt mir (gut) / gefällt mir nicht.
- Die Lehrerin / Den Lehrer in Mathe/… finde ich gut / nicht gut.

sagen, dass man etwas nicht verstanden hat
- Können Sie das bitte wiederholen?
- Entschuldigen Sie, was haben Sie gesagt?
- Wie bitte? Ich verstehe dich nicht.
- Noch einmal, bitte!

Perfekt (II): unregelmäßige Verben
- Ich bin heute in die Schule gegangen.
- Ich habe Freunde getroffen.
- Ich habe ein Buch gelesen.
- Ich bin nach Hause gekommen.
- Ich habe Spaghetti gegessen.

Welch-? im Akkusativ
- Welche Sprache lernst du?
- Welche Note hast du in Deutsch?
- Welches Projekt machst du?
- Welchen Wochentag magst du nicht?
- Welche Fächer findest du gut?

mein, dein, … im Akkusativ
- Ich suche meinen Stift.
- Wo hast du deine Tasche?
- Kolja findet sein Handy.
- Nadja sucht ihren Ohrring.
- Frau Müller, brauchen Sie Ihren Schlüssel?
- Wo habt ihr eure Sachen?

- Wie bitte? Was hast du gesagt?
- Entschuldigung, was haben Sie gesagt?
- Das finde ich klasse!
- Das hat total genervt!

Noch einmal, bitte

über Schule sprechen
Was habt ihr am ersten Schultag gemacht? Macht drei Sätze.

Vorlieben ausdrücken
Macht vier Sätze zum Thema Schule:
Was magst du? Was gefällt dir? Was findest du gut? Was nicht?

sagen, dass man etwas nicht verstanden hat
Es ist laut. Ihr versteht etwas nicht. Fragt dreimal nach.

Perfekt (II)
Macht fünf Sätze im Perfekt:
in die Schule gehen, Freunde treffen, ein Buch lesen, nach Hause kommen, Spaghetti essen

Welch-? im Akkusativ
Macht Fragen mit *welch-*:
Sprache lernen, Note in Deutsch haben, Projekt machen, Wochentag nicht mögen, Fächer gut finden

mein, dein, … im Akkusativ
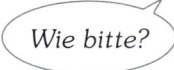
Ergänzt die Sätze:
Ich suche … Stift.
Wo hast du … Tasche?
Kolja findet … Handy. Nadja sucht … Ohrring. Frau Müller, brauchen Sie … Schlüssel?
Wo habt ihr … Sachen?

Wie bitte?

3

Wir lernen:
über Probleme sprechen | Ratschläge geben |
sich verabreden | Orte in der Stadt | Durchsagen
und Ansagen verstehen | Wo? – *Vor …* |
würde + Infinitiv | Perfekt (III): trennbare und
untrennbare Verben | Sätze mit *wenn*

Freunde und Freizeit

1 Probleme

a Welche Probleme haben Jugendliche? Ordnet zu.

A Streit mit den Eltern **B** Probleme mit der Liebe **C** Probleme in der Schule **D** zu wenig Taschengeld

> Auf Bild 1
> hat der Junge
> …

b Hört die Gespräche und ordnet sie den Bildern zu.

1.14

c Hört die Gespräche noch einmal und beschreibt die Situationen. Die Wörter helfen.

1. ins Kino gehen wollen – keine Karten kaufen können – zu wenig Taschengeld bekommen
2. zu spät nach Hause kommen – Eltern besorgt sein – Ärger mit den Eltern haben
3. eine Fünf im Diktat bekommen – (oft) nicht genug lernen – Angst vor den Eltern haben
4. verliebt sein – das Mädchen sieht den Jungen nicht – deprimiert sein

2 So ein Ärger!

Wählt zu zweit ein Problem. Schreibt eine kleine Szene und spielt sie in der Klasse.

Zeugnis ist schlecht • Ärger mit den Lehrern haben • Hausaufgaben sind zu schwierig •
Zimmer aufräumen • kein Smartphone haben • früh ins Bett müssen • streiten

3 Nadjas Problem

a Lest den Beitrag von Nadja. A oder B: Welche Sätze sind richtig?

Naddi2408

Hallo Leute,
ich habe Probleme mit meiner Freundin. Ich mag sie sehr gern und wir machen viel in unserer Freizeit zusammen. Aber sie kann meinen Freund nicht leiden. Sie sagt: Er ist egoistisch und denkt nur an seine Musik.
Ich möchte so gern etwas mit ihr UND mit meinem Freund machen. Tanzen, kochen, schwimmen – egal. Aber sie ist dagegen. Was kann ich tun?

1. A Nadja mag ihre Freundin Pia nicht mehr. B Pia mag Nadjas Freund Robbie nicht.
2. A Pia sagt: Robbie denkt nicht an andere. B Nadja sagt: Robbie denkt nur an seine Musik.
3. A Nadja möchte mit Robbie allein sein. B Nadja möchte mit Pia und Robbie etwas machen.

b Welche Antworten passen zu Nadjas Beitrag? Wählt aus. Zwei passen nicht.

Maxi67	Ich würde mit ihr über das Problem sprechen. Macht doch einen Mädchentag zu zweit.
Frosch	Deine Freundin kann ja in den Ferien tanzen, kochen und schwimmen.
KallD	Ich würde mit ihnen und anderen Freunden etwas machen (Camping, Volleyball, …). Dort sind sie zusammen, aber auch andere Freunde sind da. So lernen sie sich besser kennen.
JCF007	Sie mag ja Musik. Ich würde ihr vielleicht eine CD schenken.
Lexo	Ganz klar! Sie müssen sich besser kennenlernen. Sie können sich ja „zufällig" treffen. ;-)

Die Antwort von Maxi67 passt. Aber die Antwort von …

c Projekt: Ratschläge im Netz

Beschreibt in einem Internet-Forum (zum Beispiel *gutefrage.net*) ein Problem von euch. • Welche Antworten bekommt ihr? Welche Antworten sind am besten? • Stellt sie in der Klasse vor.

4 Gute Ratschläge

a Arbeitet zu dritt. Jeder schreibt drei Probleme auf Karten. Macht dann zu jedem Problem auch eine Karte mit einem Tipp.

eine Sechs in Mathe   *viel üben*

b Tauscht eure Karten mit einer anderen Gruppe. Legt die Problem-Karten in die Mitte. Mischt alle Tipp-Karten. Jeder bekommt drei. Lest ein Problem. Wer kann einen Tipp geben?

Ich würde viel üben.   *Mit „würde" könnt ihr Ratschläge geben.*

würde + Infinitiv

Ich (würde) viel (üben.)
Ich (würde) über das Problem (sprechen.)

5 Mädchentag

a Pia erzählt vom Mädchentag. Ordnet die Sätze den Bildern zu.

A

B

C

D

Zu Bild A passt Satz …

1. Dann hat Robbie mich besucht. Und er hat Plato mitgebracht!
2. Ich habe Nadja abgeholt. Wir sind im Park spazieren gegangen. Ich habe Plato mitgenommen.
3. Nadja hat mich am Sonntag angerufen. Sie hat mir einen Mädchentag versprochen. Nur wir zwei!
4. Plötzlich ist Plato weggelaufen. Wir haben ihn überall gesucht. Aber wir haben ihn nicht gefunden. Ich bin total traurig nach Hause gegangen.

b Wie erzählt Nadja die Geschichte? Schreibt sie ins Heft.

> Ich habe Pia am
> Sonntag angerufen.
> Ich habe ihr …

Perfekt	
trennbare Verben	**untrennbare Verben**
anrufen → an**ge**ruf**en**	versprechen → verspr**o**ch**en**
abholen → ab**ge**hol**t**	besuchen → besuch**t**
mitnehmen → mit**ge**nomm**en**	

c Lest die Ratschläge in Aufgabe 3b noch einmal. Was hat Nadja gemacht?

6 Wortakzent bei Verben

1.15

a Hört und sprecht nach. Wo sind trennbare Verben betont, wo sind untrennbare Verben betont?

A abholen – ich hole ab – abgeholt
   mitbringen – ich bringe mit – mitgebracht
   weglaufen – ich laufe weg – weggelaufen

B versprechen – ich verspreche – versprochen
   entschuldigen – ich entschuldige – entschuldigt
   erzählen – ich erzähle – erzählt

1.16

b Hört und sprecht nach. Welche Verben sind trennbar, welche nicht? Macht eine Tabelle ins Heft.

aufräumen, verabreden, ansprechen, vergessen, weggehen, bekommen, abholen, anfangen, verstehen, beschreiben

trennbar	untrennbar
aufräumen	…

7 Jungentag?

1.17

a Seht die Angebote an. Hört dann das Gespräch. Was schlägt Tom vor?

11. Osterstraßenfest
- mit Flohmarkt
- mit vielen Konzerten
- mit Quiz für alle

14.04., ab 16 Uhr

BSV Sporthalle
täglich von 8 bis 22 Uhr geöffnet

Samstag, 14.04.
Palast-Kino:
Krieg der Planeten, 18.00 Uhr
Nautilus-Aquarium:
Fische füttern, 15 Uhr

Einladung zum Geburtstag

Disco im JuZe
jeden Samstag mit **DJ Luna**
ab 18 Uhr, kostenlos

Theater Butze präsentiert
Das Dschungelbuch
• • • • • • • •
14.04., 14 Uhr

Tom will in die …

Tom schlägt Kino vor.

b Hört noch einmal. Schreibt die richtige Reihenfolge an die Tafel.

Wir gehen auf das Straßenfest. • Linus schwitzt. • Wir gehen ins Kino. • Wir gehen ins Aquarium. • Wir gehen in die Disco. • Das macht zu zweit keinen Spaß. • Es regnet heute Nachmittag. • Linus tanzt nicht gut. • Wir nehmen noch andere Freunde mit. • Linus hat keine Lust. • Wir spielen in der Sporthalle Basketball.

Wir gehen ins Kino.
→ Linus hat keine Lust.
Wir gehen in die …

c Wie sagt Tom die Sätze in Aufgabe 7b? Schreibt ins Heft.

Wir gehen in die Disco, wenn du keine Lust auf Kino hast.
Wir gehen auf das Straßenfest, wenn du nicht gut tanzt. …

Sätze mit wenn

Wir (gehen) in die Disco.   Du (hast) keine Lust auf Kino.

Wir (gehen) in die Disco, **wenn** du keine Lust auf Kino (hast).

hast

d Übersetzt zwei Sätze aus Aufgabe 7c in eure Sprachen. Schreibt die Sätze untereinander und vergleicht: Was ist gleich? Was ist anders?

8 Wenn …

Kettenübung: Spielt in der Gruppe. Wie viele Sätze schafft ihr?

Gehen wir heute ins Kino?

Tut mir leid. Ich bin schon verabredet.

Wir gehen morgen ins Kino, wenn du heute schon verabredet bist.

Das geht nicht. Ich habe kein Geld.

3

9 Verabredungen

a Spielt zu zweit. Findet ihr das längste Gespräch?

Kommst du mit in die Sporthalle?	→	Nein. Ich habe keine Lust auf Sport!		
Tolle Idee!	←	Schade! Vielleicht morgen?	→	Vielleicht. Ich weiß es noch nicht.
Wo treffen wir uns?	→	Um 14 Uhr vor der Sporthalle?	→	Tut mir leid, das ist zu früh.
		Einverstanden! Tschüs, bis dann.	←	Um 15 Uhr?

 b Schreibt ein neues Gespräch mit einem Ort aus Aufgabe 7a.

Wohin?: Kommst du mit …?

auf den Flohmarkt
auf das Konzert

ins Kino/Theater/Aquarium
in die Disco/Sporthalle

zum Flohmarkt/Konzert/ …
zur Disco

Wo?: Treffen wir uns …?

auf dem Flohmarkt
auf dem Konzert

im Kino/Theater/ …
in der Disco/Sporthalle

vor der Sporthalle
vor dem Zirkus

Wo? – vor … + Dativ

Wir treffen uns …
vor dem Zirkus
vor dem Kino
vor der Sporthalle

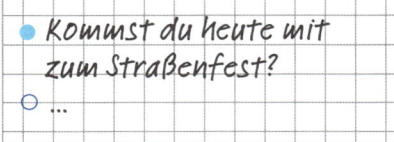

● *Kommst du heute mit zum Straßenfest?*
○ *…*

10 Tom ist unterwegs.

 a Hört die Durchsagen. Wo ist Tom?

1.18

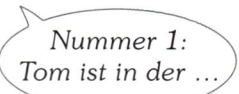

*Nummer 1:
Tom ist in der …*

**11.
Osterstraßenfest**

- mit Flohmarkt
- mit vielen Konzerten
- mit Quiz für alle

14.04., ab 16 Uhr

BSV Sporthalle
täglich von 8 bis 22 Uhr geöffnet

Samstag, 14.04.

Palast-Kino:
Krieg der Planeten, 18.00 Uhr

Nautilus-Aquarium:
Fische füttern, 15 Uhr

**Einladung
zum Geburtstag**

Disco im JuZe

**jeden Samstag
mit DJ Luna**

ab 18 Uhr, kostenlos

Theater Butze
präsentiert
Das Dschungelbuch

• • • • • • •

14.04., 14 Uhr

b Hört noch einmal. Welche Reaktion passt? Ordnet zu.

A Wow! Die kenne ich. Die sind klasse. Komm, wir gehen zur Bühne.
B Warum das? Mögen Fische keine Hamburger?
C Schade, schon vorbei! Es hat gerade so viel Spaß gemacht.
D Endlich. Ich muss dringend zur Toilette.
E Willst du mit mir tanzen?

*Zu Nummer 1
passt die Reaktion
…*

Kannst du das schon?

über Probleme sprechen
– Ich bekomme zu wenig Taschengeld.
– Ich habe eine Fünf im Diktat.
– Ich mag … Aber er/sie mag mich nicht.

Ratschläge geben
– Ich würde mit ihm/ihr über das Problem sprechen.
– Ich würde mit ihm/ihr zusammen etwas machen, zum Beispiel …
– Macht doch einen Mädchentag/Jungentag!
– Du kannst den Freund / die Freundin ja „zufällig" treffen.

Perfekt (III): trennbare und untrennbare Verben
– Nadja hat mich am Sonntag angerufen.
– Sie hat mir einen Mädchentag versprochen.
– Ich habe sie abgeholt.
– Ich habe Plato mitgenommen.
– Plötzlich ist Plato weggelaufen.

Sätze mit *wenn*
– Wir spielen in der Sporthalle Basketball, wenn es regnet.
– Wir gehen ins Aquarium, wenn du beim Basketball schwitzt.
– Wir nehmen Freunde mit, wenn es zu zweit keinen Spaß macht.

sich verabreden
– ● Kommst du heute mit ins Aquarium?
  ○ Tut mir leid. Ich habe heute keine Zeit.
  ● Schade! Vielleicht morgen?
  ○ Tolle Idee!
  ● Wo treffen wir uns?
  ○ Um 14 Uhr vor dem Aquarium?
  ● Einverstanden! Tschüs, bis dann.

Wohin? – Orte in der Stadt
Kommst du mit …
– zum Straßenfest/Konzert/Flohmarkt?
– ins Kino/Theater/Aquarium?
– in die Sporthalle/Disco?
– auf den Flohmarkt?

Wo? – Orte in der Stadt
– auf dem Straßenfest/Konzert/Flohmarkt
– vor dem / im Kino/Theater/Aquarium
– vor der / in der Sporthalle/Disco
– im Kino/Aquarium

– Tolle Idee!
– Einverstanden!

Noch einmal, bitte

über Probleme sprechen
Ihr habt Probleme mit den Eltern / in der Schule / mit Freunden. Schreibt drei Sätze.

Ratschläge geben
Jemand hatte Streit mit einem Freund / einer Freundin. Gebt drei Ratschläge.

Perfekt (III)
Schreibt im Perfekt:
Nadja ruft mich am Sonntag an. Sie verspricht mir einen Mädchentag. Ich hole sie ab. Ich nehme Plato mit. Plötzlich läuft Plato weg.

Sätze mit *wenn*
Verbindet die Sätze:
Wir spielen in der Sporthalle Basketball. Es regnet.
Wir gehen ins Aquarium. Du schwitzt beim Basketball.
Wir nehmen Freunde mit. Es macht zu zweit keinen Spaß.

sich verabreden
Spielt einen Dialog:
● *Aquarium?*
○ ☹
● *morgen?*
○ ☺
● *Wo?*
○ *14 Uhr Aquarium?* ● ☺

Wohin?
Kommst du mit …?
Nennt vier Orte in der Stadt.

Wo?
Wir treffen uns …
Nennt vier Orte.

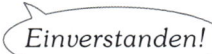

Einverstanden!

4

Wir lernen:
Verkehrsmittel | Ausreden finden | Abläufe erklären:
zuerst, danach, … | sagen, dass man etwas nicht
versteht
Modalverben im Präteritum: *wollte, konnte, …*

Erklär mal!

1 Warum bist du zu spät?

1.19

a Warum kommen die vier Freunde zu spät? Hört die Szenen. Welches Bild passt?

A

B

C

D

b Was ist passiert? Ordnet zu.

Kolja	hat auf die Straßenbahn gewartet.	Er war zu spät.
Robbie	ist mit dem Bus gefahren.	Das Fahrrad hatte einen Platten.
Pia	ist zu Fuß gegangen.	Sie hat im Bus geschlafen.
Nadja	hat die U-Bahn nicht bekommen.	Die Straßenbahn hatte Verspätung.

> *Kolja ist
> zu Fuß gegangen.
> Das …*

2 Entschuldigung, ich …

Die Freunde haben viele Ausreden. Was ist wirklich passiert? Korrigiert im Heft.

A Kolja: Ich konnte nicht früher kommen. Ich hatte einen Unfall mit einem Auto. Das Fahrrad
ist total kaputt, aber ich bin zum Glück gesund.

B Pia: Der Busfahrer hatte Bauchschmerzen. Ein Krankenwagen musste kommen.

C Robbie: Die U-Bahn hat ab heute einen neuen Fahrplan.
Sie fährt jetzt schon um zwanzig vor acht. Ich musste
15 Minuten warten.

D Nadja: Ich musste zu Fuß gehen. Zur Schule ist es total weit.
Die Straßenbahn ist heute nicht gefahren.

A Kolja hatte keinen Unfall. Das Fahrrad hatte einen Platten.

> *Entschuldigung,
> ich …*

3 Nichts als Ausreden!

a Seid ihr auch schon mal zu spät gekommen? Arbeitet in Gruppen und sammelt Gründe.

> Der Wecker hat nicht geklingelt.

> Meine Schuhe waren weg.

> Wecker nicht geklingelt

b Ergänzt die Ausreden mit den Gründen aus Aufgabe 3a. Notiert ins Heft.

1. Ich konnte nicht früher kommen. …
2. Ich wollte pünktlich sein, aber …
3. Ich musste warten. …
4. Ich musste zu Fuß gehen. …

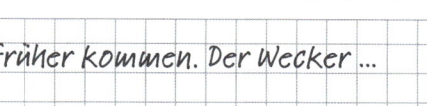

Modalverben im Präteritum

können → ich/er/sie konn**te**
wollen → ich/er/sie woll**te**
müssen → ich/er/sie muss**te**

1. Ich konnte nicht früher kommen. Der Wecker …
2. Ich wollte …

> Musstest du schon wieder zu spät kommen? Konntest du nicht früher aufstehen?

4 Wunsch und Wirklichkeit

a Was für ein Tag! Lest den Text. Was wollte Plato machen? Sammelt an der Tafel.

Was für ein Tag! Heute Morgen wollte ich mit der Katze spielen, aber sie hatte keine Lust. Dann wollte ich lange spazieren gehen, aber Pia hatte keine Zeit. Am Nachmittag war es total heiß. Ich wollte mit Pia im See baden, aber ich musste zu Hause bleiben. Und zuletzt wollte ich eine Grillwurst im Garten essen, aber der Nachbarhund war schneller … Jetzt will ich nur noch schlafen – hoffentlich!

> Plato wollte mit der Katze spielen. Er wollte …

b Was konnte Plato nicht machen? Schreibt ins Heft.

> Plato konnte nicht mit der Katze spielen. Er konnte nicht …

c Was wolltet ihr gern machen, aber ihr konntet nicht? Sprecht in der Gruppe.

ins Kino gehen
eine neue Hose kaufen
zur Party gehen
lange schlafen
bis Mitternacht wach bleiben
ins Konzert gehen
…

zu spät sein
zu teuer sein
Hausaufgaben machen müssen
niemand hat Lust
die Eltern haben es verboten
…

> Ich wollte zur Party gehen, aber ich konnte nicht. Meine Eltern haben es verboten.

4

5 Mensch, das ist doch ganz einfach!

a Hört das Gespräch. Was ist das Problem?

1.20

b Hört das Gespräch noch einmal.
Welche Sätze sind richtig? Notiert im Heft.

1. Ben fährt bald in den Urlaub.
2. Bens Oma möchte ihn auf dem Handy anrufen.
3. Bens Oma hat keinen Computer.
4. Ben schickt seiner Oma gleich einen Brief.
5. Bens Oma hat ihr Passwort vergessen.
6. Bens Oma möchte gleich eine E-Mail schreiben.

1., …

6 Wie schickt man E-Mails?

a Schreibt die Sätze mit den Ausdrücken aus dem Kasten ins Heft. Achtet auf
die Reihenfolge.

> danach • zum Schluss • zuerst • anschließend • dann

A Man muss ein Passwort eingeben.
B Man öffnet das Mailprogramm.
C Man kommt zur Mailbox.
D Man gibt den Namen ein.
E Man kann eine Nachricht schreiben.

Zuerst öffnet man …

b Was sagt Bens Oma, wenn sie nicht versteht? Hört das Gespräch aus Aufgabe 5
noch einmal. Ergänzt die Sätze im Heft.

1.20

1. Was … das denn?
2. Ich … nicht. Was meinst du?
3. Kannst du das noch mal …?
4. Was … denn ein Passwort?
5. Das … jetzt zu schnell.
6. … das bitte noch mal langsam.

1. Was ist das denn?

c Wie beantwortet man eine E-Mail? Erklärt. Einer ist Oma, einer ist Ben. Die Ausdrücke im Kasten und in Aufgabe 6b helfen.

> eine Antwort schreiben • ein Passwort eingeben • den Namen eingeben •
> zur Mailbox kommen • eine Nachricht lesen • das Mailprogramm öffnen •
> auf *Posteingang* klicken • auf *Antworten* klicken • auf *Senden* klicken

*Zuerst musst du das
Mailprogramm öffnen.*

*Kannst du das
noch mal erklären?*

d Viele Wörter zum Thema Computer kommen aus dem Englischen. Wie heißen
die Wörter in eurer Sprache? Sammelt Wörter für die Tabelle.

Deutsch	Englisch	Spanisch	…	andere Sprachen
der Router	router	el router		
die Mailbox	mailbox			
klicken	to click			

7 Alles klar?

a Welche Ausdrücke passen zu Thema A, welche zu Thema B? Sortiert an der Tafel.

> das Programm anklicken • die Webseite wählen • abschicken • Text tippen •
> die Boxen anschalten • die App auswählen • Kontakt auswählen • den Browser öffnen

Thema A:
eine Nachricht schreiben

Thema B:
im Internet Radio hören

A	B
	das Programm anklicken

 b Wie macht man das? Teilt die Klasse in eine Gruppe für Thema A und eine Gruppe für Thema B. Schreibt zu zweit die Erklärung zu eurem Thema ins Heft.

> A: Zuerst muss man die App auswählen. Dann ...

c Sucht einen Partner mit dem anderen Thema. Tauscht euch aus.

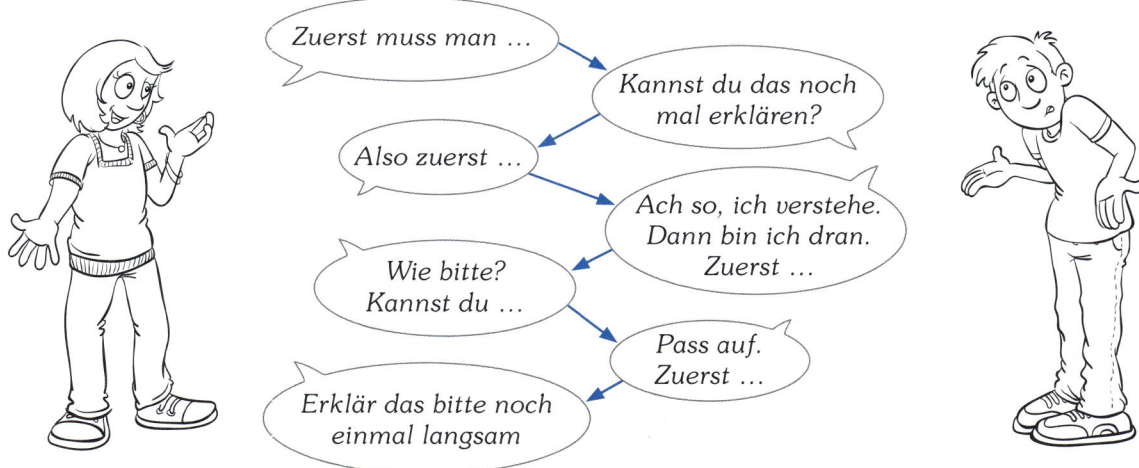

Zuerst muss man …

Kannst du das noch mal erklären?

Also zuerst …

Ach so, ich verstehe. Dann bin ich dran. Zuerst …

Wie bitte? Kannst du …

Pass auf. Zuerst …

Erklär das bitte noch einmal langsam

8 Auslautverhärtung

1.21
a Hört die Wörter. Was hört ihr an den markierten Stellen: *t* oder *d*, *p* oder *b*, *k* oder *g*?

1. A Kinder   2. A Fahrrad   3. A schreiben   4. A lieb   5. A Tage   6. A mag
   B Kind   B Fahrräder   B Schreib!   B lieber   B Tag   B mögen

1.22
b Hört die Wörter und schreibt ins Heft.

> Kinder: Ich höre **d**.
> Kind: Ich höre **t**.

1. frag! – fragen				

9 Ein besonderer Tag

a Sprecht im Kurs. Was ist für euch ein besonderer Tag? Sammelt an der Tafel.

> Wenn es schneit.

> Wenn ich Taschengeld bekomme.

> Wenn ein Feiertag ist und ich keine Schule habe.

> Wenn es schneit.
> Wenn ich ...

 b Hört den Anfang von einem Lied. Wie findet ihr die Musik? Welche Wörter passen?
1.23

> fröhlich • monoton • traurig • ruhig • langsam • romantisch • rockig • schnell

c Lest die Ausdrücke aus dem Lied. Sprecht zu dritt. Was bedeuten die Ausdrücke in eurer Muttersprache?

keine Ängste, keine Sorgen

alles schweigt

heute fühle ich mich groß

ich will nur hier sein

die Welt kostet nichts

ich kann nicht mehr schlafen

ich lasse einfach los

öffne das Fenster

ist mir doch egal

ich fühle mich wieder frei

 d Wählt einen Ausdruck aus c und schreibt ihn auf einen Zettel. Hört das ganze Lied.
1.24　Steht kurz auf und zeigt euren Zettel, wenn ihr euren Ausdruck hört.

e Warum heißt das Lied „Ein besonderer Tag"? Sprecht in der Klasse.

10 Projekt: Culcha Candela

 Sucht im Internet Informationen, Bilder und Videos über Culcha Candela. Arbeitet in Gruppen und macht ein Plakat zu der Band (Bandmitglieder, CDs, Konzerte, Engagement, ...). Präsentiert das Plakat und euer Lieblingsvideo in der Klasse.

Kannst du das schon?

Verkehrsmittel
– die U-Bahn / der Bus / die Straßenbahn / das Fahrrad / das Auto / der Zug / das Motorrad

Ausreden finden
– Der Wecker hat nicht geklingelt.
– Ich habe mein Geld nicht gefunden.
– Ich hatte einen Unfall.
– Die Straßenbahn ist nicht gefahren.
– Ich musste 15 Minuten warten.

Modalverben im Präteritum
– Ich wollte pünktlich sein.
– Ich wollte lange spazieren gehen.
– Ich musste warten.
– Ich musste zu Hause bleiben.
– Ich konnte nicht früher kommen.
– Ich konnte keine Grillwurst essen.

einen Ablauf erklären
– **Zuerst/Am Anfang** musst du das Mailprogramm öffnen. **Dann** gibst du Name und Passwort ein und kommst zur Mailbox. **Danach** klickst du auf *Posteingang* und öffnest eine Nachricht. **Anschließend** klickst du auf *Antworten* und schreibst eine Antwort. **Zum Schluss** klickst du auf *Senden*.

sagen, dass man etwas nicht versteht
– Was ist das denn?
– Ich verstehe nicht. Was meinst du?
– Kannst du das noch mal erklären?
– Erklär das bitte noch mal langsam.
– Das geht jetzt zu schnell.

– Entschuldigung, ich konnte nicht früher kommen.
– Ist mir doch egal.
– Was für ein Tag!

Noch einmal, bitte

Verkehrsmittel
Welche Verkehrsmittel kennt ihr?

Ausreden finden
Warum kommt ihr zu spät? Findet drei Ausreden.

Modalverben im Präteritum
Was wolltet ihr gestern machen? Was musstet ihr machen? Was konntet ihr (nicht) machen? Schreibt fünf Sätze.

einen Ablauf erklären
Wie beantwortet man eine E-Mail? Schreibt eine Erklärung für eure Oma. Benutzt die Ausdrücke *Zuerst, dann/danach/ anschließend, zum Schluss.*

sagen, dass man etwas nicht versteht
Ihr versteht etwas nicht. Was könnt ihr sagen?

Entschuldigung, ich konnte nicht früher kommen.

Grammatikübersicht

Verben im Perfekt
mit *haben*   mit *sein*

regelmäßige Verben	
kaufen: Ich (habe) gestern ein Buch (**ge**kauf**t**).	**segeln:** Wir (sind) nach Cuxhaven (**ge**segel**t**).

unregelmäßige Verben	
treffen: Wir (haben) viele Freunde (**getroffen**). **sprechen:** Sie (hat) mit der Lehrerin (**gesprochen**). **finden:** Was (hast) du (**gefunden**)?	**gehen:** Martin (ist) zum Bus (**gegangen**).

Verben mit *-ieren*	
organisieren: Jana (hat) eine Party (organisier**t**).	**passieren:** Was (ist) hier (passier**t**)?

trennbare Verben	
anrufen: Wann (haben) Sie bei uns (an**ge**ruf**en**)? **mitbringen:** Ich (habe) einen Kuchen (mit**gebracht**). **mitnehmen:** Wir (haben) Milla mit dem Auto (mit**genommen**). **ansprechen:** (Hast) du den coolen Typen (an**gesprochen**)?	**weggehen:** Er (ist) plötzlich (weg**gegangen**).

untrennbare Verben	
verkaufen: Ich (habe) es (verkauf**t**). **besuchen:** Er (hat) seine Oma (besuch**t**). **verstehen:** Ich (habe) das Wort nicht (ver**standen**). **bekommen:** Tom (hat) ein Geschenk (be**kommen**). **vergessen:** Ich (habe) seinen Geburtstag (ver**gessen**).	

Modalverben im Präteritum

	wollen	müssen	können
ich	woll**te**	muss**te**	konn**te**
du	woll**test**	muss**test**	konn**test**
er/es/sie	woll**te**	muss**te**	konn**te**
wir	woll**ten**	muss**ten**	konn**ten**
ihr	woll**tet**	muss**tet**	konn**tet**
sie/Sie	woll**ten**	muss**ten**	konn**ten**

Sätze und Fragen mit Modalverben im Präteritum

Position 1	Position 2		Satzende
Ich	konnte	gestern nicht Tennis	spielen.
Was	wolltest	du	fragen?

Ratschläge geben: *würde* + Infinitiv

Du hast eine 5 im Diktat bekommen:	Ich	würde	für das nächste Diktat	üben.

Nebensätze mit *wenn*

		Satzende
Pia kann nicht lernen. Plato bellt.	→ Pia kann nicht lernen, **wenn** Plato	bellt.
Wir schwitzen. Wir laufen schnell.	→ Wir schwitzen, **wenn** wir schnell	laufen.

Akkusativ: *Welch-?*

	Akkusativ	
der	**den Lehrer**	Welch**en** Lehrer magst du am liebsten?
das	das Fach	Welch**es** Fach findest du gut?
die	die Note	Welch**e** Note hast du in Englisch?
die	die Sprachen	Welch**e** Sprachen lernst du?

Possessivartikel im Akkusativ: *mein, dein, sein, ...*

	Akkusativ	
der	mein**en** Stift	Ich suche mein**en** Stift.
das	dein Handy	Gibst du mir dein Handy?
die	sein**e** Tasche	Kolja sucht sein**e** Tasche.
die	mein**e** Sachen	Hast du mein**e** Sachen?

Präpositionen

Wann?	**am** Vormittag	**nach** der Schule	**vor** dem Frühstück
Wohin?	**auf** den Flohmarkt / das Konzert / die Disco	**in** den Zirkus / ins Kino / **in** die Disko	**zum** Zirkus / **zum** Kino / **zur** Disco
Wo?	**auf** dem Flohmarkt / dem Konzert / der Disco	**im** Zirkus / im Kino / **in** der Disco	**vor** dem Zirkus / dem Kino / **vor** der Disco

gern, lieber, am liebsten

☺ gern	▷ Hörst du **gern** Musik?	● Ja, sehr **gern**.
☺ ☺ lieber		○ Ich mache **lieber** selbst Musik.
☺ ☺ ☺ am liebsten		**Am liebsten** spiele ich Gitarre.

Fertigkeitstraining: Hören

1 Das Fest

a Seht die drei Bilder an. Zu welchen Bildern passen die Wörter? Welche Wörter passen zu allen drei Bildern? Sammelt an der Tafel und schreibt die Wörter dann ins Heft.

> der Ball • die Disco • essen • das Geschenk • der Hund • der Junge • der Kuchen • der Luftballon • das Mädchen • die Musik • die Schule • spielen • der Sportplatz • tanzen

A   B   C

alle Bilder	Bild A	Bild B	Bild C

1.25

b Hört das Gespräch. Welches Bild aus 1a passt?

> *Habt ihr es gemerkt? Die Bilder geben euch schon viele Informationen. Sie helfen beim Hören!*

c Hört das Gespräch noch einmal. Welche Wörter aus 1a hört ihr?

2 Emily erzählt von ihrem Tag.

1.26

Was hat Emily gemacht? Steht auf und macht mit!

… habe ich meine Zähne geputzt …

Was ist das für ein Geräusch? Ist das Wasser? Vielleicht ist Emily an einem See! Achtet auf Geräusche. Dann könnt ihr vieles besser verstehen.

3 Tiere sind menschlich.

a Lest die folgenden Fragen und Antworten.

1. In welchem Zoo lebt Ujian?
   - a In Zürich.
   - b̷ In Heidelberg.
   - c In Stuttgart.

2. Was für ein Tier ist Ujian?
   - a̷ Ein Papagei.
   - b̷ Ein Affe.
   - c Ein Wolf.

3. Was kann Ujian?
   - a Tanzen.
   - b Lachen.
   - c̷ Pfeifen.

b Schreibt wichtige Wörter aus den Fragen ins Heft. Schreibt die Wörter untereinander.

> 1. Zoo
> 2. …

1.27

c Ihr hört einen Radiobericht. Schreibt die richtige Antwort zu jedem Wort oder jeder Frage ins Heft.

> 1. Zoo → Heidelberg
> 2. …

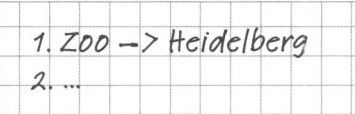

Ich verrate euch meinen Trick. Ich habe aufgepasst: Wann höre ich das Wort „Zoo"? Kurz danach habe ich den Namen von einer Stadt gehört. Das Wort habe ich erkannt, denn ich habe es vorher gelesen. Ich habe genau aufgepasst: Ist es die richtige Antwort? Hört die Sätze immer bis zum Ende. Entscheidet erst dann.

Am Rhein

4 Die Loreley

a „Loreley" heißt ein Felsen am Rhein.
Seht zu zweit die beiden Karten und die
Deutschlandkarte im Umschlag an.
Wo ist der Rhein? Wo ist die Loreley?

b Seht die Bilder A–E an. Was seht ihr?
Sammelt Wörter an der Tafel.

> der Felsen

1.28
c Hört den ersten Teil von der Geschichte
„Die Loreley" und ordnet die Bilder.
Erzählt dann die Geschichte in der Klasse.

> C ist das erste Bild.
> Die Loreley …

A

> der Fischer

d Was glaubt ihr: Wie geht die Geschichte weiter? Arbeitet in Gruppen. Schreibt die
Geschichte zu Ende. Spielt eure Geschichte den anderen vor.

1.29
e Hört jetzt das Ende von der Geschichte. Wer ist Loreley und was passiert mit ihr?
Welche Antwort ist richtig?

A Loreley war eine Prinzessin. Sie ist mit einem Pferd vom Felsen gestürzt.
B Loreley war die Tochter von einem Grafen. Sie ist im Rhein ertrunken.
C Loreley ist eine Märchenfigur. Sie lebt im Rhein und bringt Fischern Unglück.

Film **f** Welches Ende gefällt euch am besten? Ein Ende aus Aufgabe 4d oder das Ende in
Aufgabe 4e?

5 Recherchiert zu zweit im Internet. Was gibt es heute am Felsen „Loreley" zu sehen? Tippt das Stichwort „Loreley" in einer Suchmaschine ein. Berichtet von euren Ergebnissen.

der Soldat

C

D

der Fluss „Rhein"

E

der Graf

der Felsen

B

Schloss Stolzenfels
Königsstuhl
Klostergut Jakobsberg
Rhens
Brey
Braubach
Martinsburg
Burg Lahneck
Lahnstein
Filsen
Spay
Oster-spai
Marksburg
Kurfürstliche Burg Boppard
Kamp-Bornhofen
Boppard
Bad Salzig
Feindliche Brüder Sterrenberg und Liebenstein
Kestert
Burg Maus
Hirzenach
Burg Katz
Burg Rheinfels
St. Goar
St. Goars-hausen
Loreley
Schönburg
Oberwesel
Kaub
Burg Gutenfels
Hunsrück
Burg Stahleck
Pfalzgrafen-stein
Ruine Fürstenberg
Bacharach
Ruine Nollig
Heimburg
Rhein-diebach
Lorch
Taunus
Burg Sooneck
Nieder-rheimbach

5

Wir lernen:
über Sport sprechen | Personen beschreiben |
kurze Mitteilungen schreiben
Sätze mit *weil* | Vergleiche: *schneller als* |
Superlativ: *am schnellsten* | Vergleiche: *so schnell wie*

Sport

1 Ich bin ein Fan von …

Ich kenne Shaun White.

Bild 1, das ist Kanufahren.

Nummer 1 ist Shaun White. Er fährt Snowboard.

a Kennt ihr die Sportlerinnen und Sportler?
Welche Sportarten sind auf den Fotos?
Sammelt in der Klasse.

b Ordnet die Sportlerinnen und Sportler den Bildern zu.

> Shaun White, Snowboard • Dirk Nowitzki, Basketball • Viktoria Rebensburg, Ski •
> Jérôme Boateng, Fußball • Franziska Weber und Tina Dietze, Kanu • Antoine Griezmann, Fußball

 c Wie heißen die Sportarten in anderen Sprachen? Sammelt und vergleicht an der Tafel.

2 Leon und seine Lieblingssportler

 a Hört das Interview. Welcher Text passt?

1.30

A Leon macht keinen Sport und Sport in der Schule mag er gar nicht. Aber er ist Fußballfan,
er mag Jérôme Boateng. Und er ist ein Fan von Mario Götze. Andere Sportler mag er nicht.

B Leon ist Sportfan. Aber Sport in der Schule ist doof, sagt er. Es macht keinen Spaß. Leon fährt
Snowboard und er mag Fußball. Jérôme Boateng und Antoine Griezmann findet er besonders gut.

 b Welche Sportlerinnen und
Sportler kennt ihr? Arbeitet
in Gruppen und schreibt sie in
die Tabelle. Nennt nicht mehr
als zwei Personen pro Sportart.

Name	Sport	Eigenschaften
Viktoria Rebensburg	Skifahren	sehr fair, immer fröhlich

3 Sportler und ihre Fans

a Vergleicht mit den Bildern auf der linken Seite. Wie heißen die Sportler?

KOMMENTARE

Leon aus Filderstadt: Hey …! So cool, ihr habt das Spiel gegen die Slowakei 3:0 gewonnen! Dein Tor zum 1:0 war so schön! Danke!!! ☺ Schieß bald wieder ein Tor! Ich bin ein großer Fan von dir, weil du nett und sympathisch bist! Viel Erfolg! Gruß Leon (14)

GÄSTEBUCH 31. August – 16.42 Uhr – Eva schreibt …

Hallo …! Ich bin ein Riesenfan von Ihnen. Gold bei Olympia, das war echt super! Ich sehe alle Rennen im Fernsehen, weil ich selbst auch Ski fahre. Ich trainiere beim Skiclub Garmisch. Ich habe ein Autogramm von Ihnen bekommen. Jetzt bin ich so glücklich! Vielen, vielen Dank. Machen Sie einfach so weiter. Fan Eva aus Garmisch-Partenkirchen

AUTOR	NACHRICHT
Betty aus Oldenburg	Lieber …! Du bist der Beste, du bist der Größte, du hast es geschafft! Du spielst so gut Basketball wie kein anderer. Ich will nach Dallas fahren, weil du dort lebst und trainierst. Ich trainiere jeden Tag, ich mag Basketball so gern. Jetzt bin ich schon ganz gut, sagt mein Trainer. Aber leider bin ich ziemlich klein. Betty, dein kleiner großer Fan aus Oldenburg.

b Beantwortet die Fragen.

1. Warum ist Leon ein Fan von Jérôme?
2. Warum sieht Eva alle Rennen im Fernsehen?
3. Warum ist Eva jetzt so glücklich?

4. Warum will Betty nach Dallas fahren?
5. Warum trainiert Betty jeden Tag?

1. Er ist nett und sympathisch.

c Macht aus zwei Sätzen einen Satz mit *weil*.

Leon ist ein Fan von Jérôme, weil er nett und sympathisch ist.

Nebensatz mit weil

Leon ist ein Fan von Jérôme. Jérôme ist nett und sympathisch.
Leon ist ein Fan von Jérôme, **weil** er nett und sympathisch (ist).

4 Fan sein oder nicht?

a Warum seid ihr Fans von Sportlern, warum nicht? Bildet Sätze mit *weil*.

Ich bin kein Fan von Sportlern, weil …

Ich bin ein Fan von Jérôme, weil er kein Angeber ist.

hat viel Erfolg • verdient viel Geld • gewinnt viele Wettkämpfe • kommt aus … • ist ein Angeber • ich mache auch … • die Interviews sind gut • ist arrogant/bekannt/berühmt/fair/witzig/cool/beliebt/…

b Von wem seid ihr Fan? Und warum? Wie ist er/sie? Macht einen Steckbrief. Sammelt die Steckbriefe ein und lest sie in der Klasse vor. Wer hat das geschrieben? Ratet.

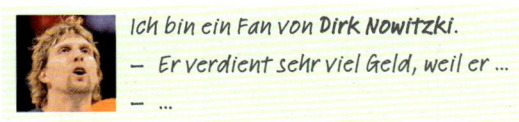

Ich bin ein Fan von Dirk Nowitzki.
– Er verdient sehr viel Geld, weil er …
– …

5 Beim SV Rasentreter

a Was machen Paul und Kolja? Beschreibt die Bilder.

> Sport in der Schule haben • schnell fahren • turnen müssen • im Verein trainieren •
> anstrengend sein • viel Spaß haben • kein Tor schießen • langweilig sein •
> mit dem Rad fahren • peinlich finden • (nicht) treffen

Paul und Kolja haben Sport in der Schule. Es ist total langweilig.

b Was passt zusammen? Lest vor.

1. Paul und Kolja haben
2. Kolja fährt schneller Rad
3. Das Mädchen spielt
4. Das Training macht mehr Spaß
5. Paul trifft

A als Sport in der Schule.
B beim Schulsport keinen Spaß.
C nicht ins Tor.
D als Paul.
E besser als Paul.

6 Vorlieben und Sport

a Was denkt ihr? Schreibt ins Heft.

> schön • gut • schlecht • blöd • spannend • anstrengend • …

Ich finde Skateboardfahren besser als Fußball.

Ich bin besser als die Katze!

Vergleiche mit als

schön – schön**er als**
groß – gr**öß**er als
gut – **besser als**

Stan Laurel ist dünner als Oliver Hardy.

b Sprecht zu zweit. Wählt Stars. Macht Vergleiche.

> jünger • älter • kleiner • berühmter • reicher • witziger • fairer •
> cooler • dicker • dünner • arroganter • beliebter • stärker • …

7 Bitte nicht vergessen!

a Welche Nachricht und welche Antwort passen zusammen?

1 Wann haben wir am Donnerstag Training? Ich war am Dienstag krank. Martin

2 Team U14 – Heute leider kein Training. Treffpunkt zum Spiel morgen um 9.00 Uhr. Früh schlafen gehen, gut frühstücken und viel trinken! Eure Trainer Hannes & Heli

3 Kann fahren und noch zwei Leute mitnehmen. Bis um halb 1 am Sportplatz. Christine

4 Wo hast du die Schuhe versteckt? Finde sie nicht. p

5 Hallo Paps, hab die Fußballschuhe vergessen :-((Bitte schnell, Spielbeginn in 35 Minuten!!!! Du bist doch der Beste!

6 Bitte nicht vergessen! Am Donnerstag Wettkampf um 14.00 in Polling. Treffpunkt: unser Sportplatz um 12.30. Wer kann fahren? Eltern bitte bei Heli melden.

7 Morgen um 9, aber wo?? Kann ich bei euch mitfahren? Leandro

8 Du und krank? Treffpunkt 18.15 Uhr. Das kostet eine Cola!!!!!

Nachricht 1 passt zu …

b Was ist passiert? Beschreibt die Situationen.

1

2

3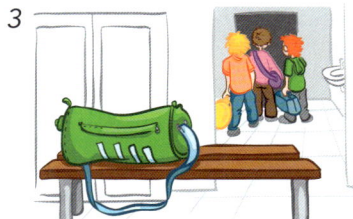

4

Ein Junge sucht …

c Verloren – vergessen – verpasst. Wählt zwei Situationen aus 7b. Arbeitet zu zweit. Schreibt Nachrichten und Antworten.

Ich habe die Hausaufgabe vergessen. Kann ich dein Heft haben? Bitte!!!

Aber nur, wenn du …

8 pf und ts

1.31

a Hört die Wörter und sprecht nach. Hebt bei pf die rechte Hand.

b Lest die Wörter abwechselnd mit einem Partner. Achtet auf p, f und pf.

Fußball – Profi – Pfannkuchen • April – Afrika – Apfel • Körper – Koffer – Kopf • Person – Fenster – Pferd

1.32

c Wann hört ihr ts? Steht auf. Lest dann die Wörter.

Katze – Kasse • weiß – Witz – witzig • Pisa – Pizza – heiße Pizza • Zeit – seit • Seite – Zeitung • Tante – Tanz – tanzen • kurz – Kurt • nett – Netz • März – Martin

1.33

d Sprecht zuerst leise, dann laut im Chor. Hört zur Kontrolle.

der Platz – der Spielplatz – der Sportplatz • der Wettkampf – der Kopfball •
die Zeit – die Freizeit – die Uhrzeit • der Apfel – der Apfelsaft – der Apfelkuchen •
das Pferd – der Kopf – der Pferdekopf • Herzlichen Glückwunsch! – Herzlichen Dank!

5

9 Rekorde, Rekorde!

a Lest die Fragen. Sprecht über die Bilder.

der Segelfisch

der Delfin

Usain Bolt,
Jamaika

Jeanne Louise Calment,
Frankreich

Paul Biedermann,
Deutschland

der Gepard

Javier Sotomayor,
Cuba

die Schildkröte

1. Wer schwimmt am schnellsten?
2. Wer läuft am schnellsten?
3. Wer springt am höchsten?
4. Wer wird am ältesten?

Ich bin am besten!

Ich schlafe am liebsten.

Ich glaube, … schwimmt am schnellsten.

Quatsch, … ist am schnellsten.

Adjektive: Steigerung

schnell – schneller – **am** schnell**sten**
alt – **ä**lter – **am ä**l**testen**
hoch – h**ö**her – **am** h**ö**ch**sten**
gut – **besser** – **am besten**
gern – **lieber** – **am liebsten**

b Hört zu. Kontrolliert eure Vermutungen aus Aufgabe 9a. Notiert die Lösungen.
1.34

> 1. schwimmen: der Segelfisch

c Schreibt Sätze ins Heft.

> Der Segelfisch schwimmt am schnellsten.

10 Wer kann das am besten?

Wie seid ihr? Was könnt ihr? Schreibt Vergleiche.

groß/klein sein • jung/alt sein • beliebt sein • berühmt sein • aktiv sein • stark sein •
sportlich sein • fit sein • faul sein • schnell/langsam rechnen • schnell laufen •
laut rufen • schön schreiben • gut Tennis/Fußball/… spielen • gut zaubern •
lang schlafen • dumm schauen ☺

> Oskar ist so groß wie Mara.
> Ich rechne langsamer als
> meine Freunde.

Adjektive: Vergleiche

| Ich laufe | **so** schnell **wie** | mein Freund. | = |
| Ich schwimme | schnell**er als** | mein Vater. | <> |

Kannst du das schon?

über Sport sprechen
– Ich mache viel Sport / wenig Sport / keinen Sport.
– Ich fahre Rad/Kanu/Snowboard/Ski.
– Ich spiele Fußball/Volleyball/Tennis …
– Ich turne/tanze/reite/…
– Ich bin Fan von … / Mein Lieblingssportler ist …

Personen beschreiben
– … ist sehr bekannt/berühmt.
– … ist … Jahre alt / ist ungefähr … Meter groß.
– … ist sympathisch/fair/witzig/cool …
– … hat viel Erfolg / verdient viel Geld /gewinnt oft /
  macht tolle Interviews / … kann gut …
– … ist ein Angeber / … ist arrogant / … ist nicht beliebt.

Sätze mit *weil*
– Ich mag …, weil er/sie sehr fair ist.
– Ich bin Fan von …, weil seine/ihre Musik cool ist.
– Ich liebe …, weil er/sie immer gewinnt.

Kurze Mitteilungen schreiben
– Ich habe die Hausaufgabe vergessen. Kannst du mir
  dein Heft geben, bitte?
– Wann ist morgen Training? Wo treffen wir uns? Danke.

Vergleichen: *schneller als*
– Nowitzki ist größer als Jérôme Boateng.
– Meine Schwester ist älter als ich.
– Ich finde Volleyball cooler als Schwimmen.
– Shakira singt besser als Robbie.

Vergleichen: *so schnell wie*
– Ich bin so alt wie …
– Ich bin so beliebt wie …
– Ich bin so reich wie …

Superlativ: *am schnellsten*
– Alexandra kann am schnellsten rechnen.
– Heike kann am höchsten springen.
– Der Sportlehrer kann am lautesten rufen.

– Du bist doch der Beste!
– Dringend!
– Viel Erfolg!
– Peinlich!
– Ach nee! Schon wieder!

Noch einmal, bitte

über Sport sprechen
Welchen Sport macht ihr?
Welchen Sportler mögt ihr?

Personen beschreiben
Beschreibt einen Sportler
oder einen Star.
Macht fünf Sätze.

Sätze mit *weil*
Wen mögt ihr? Warum?
Macht drei weil-Sätze.

Kurze Mitteilungen
schreiben
Ihr habt etwas
vergessen. Schreibt
eine Nachricht.

Vergleichen: *schneller als*
Schreibt Vergleiche:
groß, alt, cool, gut

Vergleichen: *so schnell wie*
Vergleicht euch mit anderen:
*Ich bin so alt/beliebt/reich
wie …*

Superlativ: *am schnellsten*
Wer kann das am besten
in eurer Klasse?
*schnell rechnen, hoch
springen, laut rufen*

*Du bist doch
der Beste!*

6

Wir lernen:
Kleidung | Farben | über Bilder sprechen | Preise erfragen und nennen | Meinungen ausdrücken
Adjektive (I) mit dem bestimmten Artikel:
der blaue Pullover, den blauen Pullover

Kleidung und Farben

1 Wie gefällt dir das?

a Seht das Bild an und fragt einen Partner: „Ich sehe was, was du nicht siehst, und das ist …".

Ich sehe was, was du nicht siehst, und das ist rot.

Ist es die Hose?

Nein.

Ist es …?

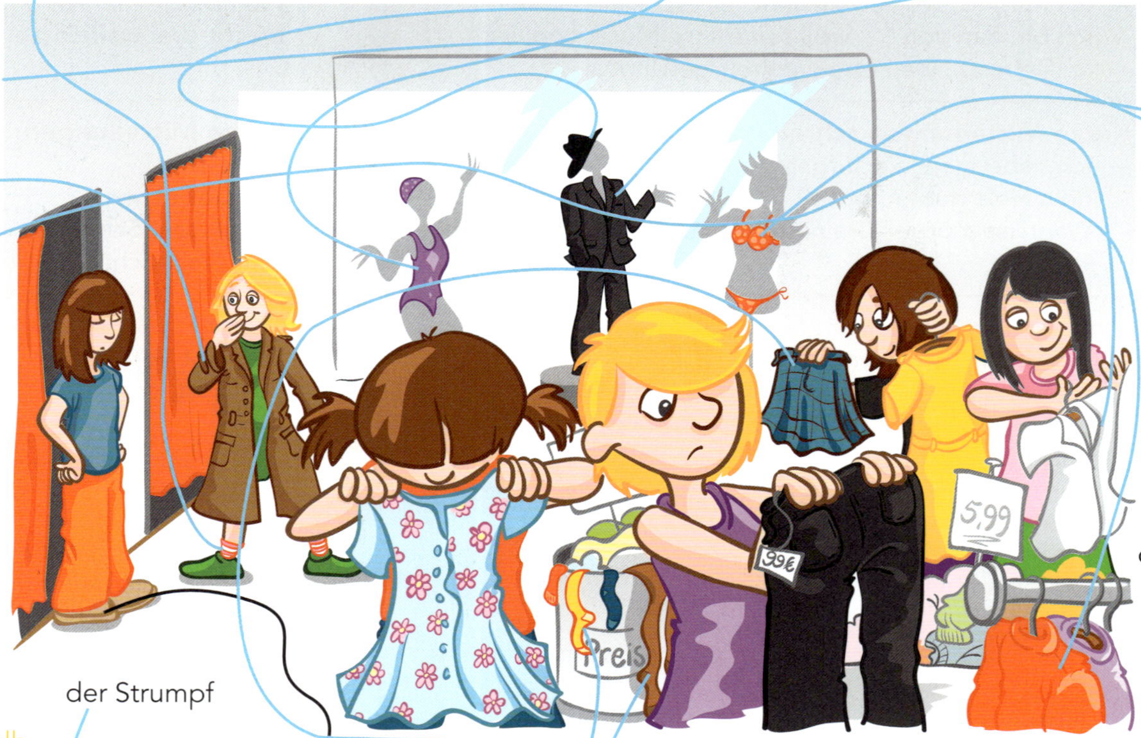

die Socke
schwarz
das T-Shirt
grau
der Badeanzug
die Jacke
grün
der Hut
rosa
das Sweatshirt
die Jeans
blau
weiß
die Bluse
der Anzug
rot
lila
der Mantel
der Bikini
die Hose
das Kleid
der Strumpf
gelb
der Pullover
der Schuh
braun
der Rock
orange
die Strumpfhose
5,99
99 €
Preis

b Hört die Gespräche. Welches Gespräch passt zu wem? Über welche Kleidungsstücke sprechen sie?

1.35–37

Hörtext 1 sind wahrscheinlich die Mädchen links.

Sie sprechen über …

hinten
links
in der Mitte
rechts
vorne

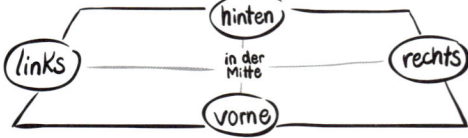

2 Was sagen die Mädchen?

a Schreibt die Gespräche ins Heft und ergänzt die Lücken. Das Bild in Aufgabe 1 hilft.

Gespräch 1
● Wie findest du 🐾?
○ Ganz hübsch, aber nicht sehr modern. 🐾 hier gefällt mir besser.
● Ja, 🐾 steht dir bestimmt gut. Aber für mich ist sie nichts.
○ Probier sie doch mal an.
● Ich weiß nicht, die ist doch auch zu teuer!

Gespräch 2
▶ Was gefällt dir besser: 🐾 oder 🐾?
▷ 🐾 ist o. k., aber 🐾 ist viel besser.
▶ Ja, und 🐾 habe ich eigentlich schon.
▷ Und dazu passt 🐾 hier. Zieh sie doch mal an.
▶ Zeig mir mal 🐾. Nein, Weiß steht mir nicht.

b Hört die Gespräche zur Kontrolle. Übt die Gespräche zu zweit.

1.36–37

3 Wem gehört das?

a Markus, Kilian und Laurin haben eingekauft. Die Kleidungsstücke sind durcheinander. Wem gehört was? Ratet in der Klasse.

Markus | Laurin | Kilian

„Lila" und „rosa" sind ohne Endung.

Adjektive (I): Nominativ

der schwarz**e** Anzug
das weiß**e** Hemd
die grau**e** Hose

die schwarz**en** Schuhe

Vielleicht gehört das weiße Hemd Laurin?

Nein, das weiße Hemd passt besser zu Markus.

 b Schreibt für jeden Jungen zwei Sätze ins Heft. Was denkt ihr: Was passt überhaupt nicht?

Die schwarzen Schuhe passen nicht zu ...

4 Kleidung und Farben

Spielt zu dritt und findet Karten-Paare. Macht Sätze.

Zuerst macht ihr Kärtchen. Jeder schreibt auf drei Kärtchen seinen Namen und auf drei Kärtchen in einer anderen Farbe seine Lieblingskleidung (je ein Kleidungsstück und eine Farbe). ● Dann mischt ihr alle Karten und legt sie verdeckt auf den Tisch: für jede Farbe ein Stapel. ● Einer beginnt und deckt zwei verschiedene Karten auf. Er bildet einen Satz, die anderen antworten. ● Die Karten passen zusammen: Er behält das Paar. Die Karten passen nicht: Er dreht die Karten wieder um und der Nächste ist dran.

Jenny gehört das blaue Hemd.

Nein, das stimmt nicht.

5 Shoppen

a Seht die Seite aus einem Modekatalog an. Sprecht über die Preise.

> *Was kostet die schwarze Mütze?*

> *Die schwarze Mütze kostet 6,99 €.*

> *Und wie viel hat die Mütze vorher gekostet?*

> *Sie hat 15,95 € gekostet.*

b Wie findet ihr das für …?

| Ich finde … | für das Sportfest
für die Party
für das Schulfest
für das Familienfest | schön.
passend.
doof.
uncool.
gut. |

> *Ich finde die gelbe Kapuzenjacke für die Party uncool.*

> *Nur „der" ist anders!*

Adjektive (I): Akkusativ

der blaue Rock	Ich mag **den** blau**en** Rock.
das weiße Kleid	Ich mag **das** weiß**e** Kleid.
die gelbe Jacke	Ich mag **die** gelb**e** Jacke.
die roten Schuhe	Ich mag **die** rot**en** Schuhe.

6 Was tragt ihr wann?

a Wählt Kleidung aus dem Modekatalog in Aufgabe 5. Schreibt fünf Sätze ins Heft.

> Für die Party finde ich den blauen Rock und … super.
> Für den Urlaub finde ich …
> Für …

b Geht in der Klasse herum und erzählt. Wer geht mit euch im Partnerlook?

> *Für die Schule finde ich die braunen Schuhe gut.*

> *Ich auch. Wir gehen im Partnerlook.*

7 Zusammen im Geschäft

a Hört das Gespräch von Matthias, Lena und Laura und ordnet die Bilder. Wer kauft was?

1.38

A *Das steht dir gut.*

B *Die Farbe gefällt mir nicht.*

C UMKLEIDE *Wo sind die Umkleidekabinen?*

b Hört das Gespräch noch einmal. Welche Sätze sind richtig, welche falsch?

1. Die Jacke ist zu eng für Matthias. Die Mädchen suchen eine andere Größe.
2. Matthias probiert den Pullover in der Umkleidekabine an. Die Verkäuferin hilft ihm.
3. Matthias möchte den Pullover anprobieren. Die Verkäuferin zeigt ihm die Kabine.
4. Die braune Jacke gefällt den Mädchen nicht. Die Mädchen fragen die Verkäuferin.
5. Matthias probiert den Pullover. Der Pullover gefällt den Mädchen.

c Ordnet die Sätze den Bildern aus Aufgabe 7a zu. Hört zur Kontrolle.

Die Jacke haben wir nur in Braun. • Der grüne Pulli steht dir echt gut. • Vielleicht gibt es sie noch in Schwarz oder Blau. • Entschuldigung, wo sind denn die Umkleidekabinen? • Dann nehme ich den Pulli. • Wir suchen die Jacke in Schwarz. • Und? Wie steht sie mir? • Dort hinten rechts.

Bild A	Bild B	Bild C
Der grüne Pulli ...		

d Schreibt zu zweit zu einem Bild aus Aufgabe 7a ein Gespräch. Spielt es vor.

8 Ist das fair?

a Lest den Artikel aus der Zeitung. Was ist das Thema?

b Was passt für Kinder in Deutschland, was für viele Kinder in Indien?

Deutschland	Indien
25 Euro Taschengeld	

Geld für Mode

Kinder in Deutschland bekommen Taschengeld, ein 14-Jähriger durchschnittlich 28 Euro im Monat. Kinderarbeit ist verboten. Erst mit 15 Jahren darf man in einem Jahr vier Wochen lang acht Stunden pro Tag arbeiten – maximal!

Aber in Indien arbeiten ca. 55 Millionen Kinder unter 14 Jahren – den ganzen Tag, ohne Pausen und für wenig Geld. Sie machen zum Beispiel Kleidung für Europa. Die Kinder dürfen nicht sprechen und nicht weinen. Oft haben sie keinen Kontakt mehr zu ihren Eltern. So können wir hier in Deutschland billige Sachen kaufen, weil Kinder in Indien arbeiten. Ist das fair?

9 Projekt: Umfrage „Jobs, Geld und was wir damit machen"

Macht eine Umfrage und präsentiert eure Ergebnisse.

Macht einen Fragebogen: Wer hat schon einmal gearbeitet? Was? Was haben eure Mitschülerinnen und Mitschüler mit dem Geld gemacht? ● Fragt in der Schule. ● Präsentiert die Ergebnisse in der Klasse.

5 Personen → babysitten

10 *au* und *eu*

1.39

a Was hört ihr: *au* oder *äu/eu*?
Macht das passende Gesicht.

frEUen   AU

b Lest die Wörter laut.

1. Frau • freuen • Urlaub • teuer • heute • Pause
2. Raum – Räume • verkaufen – Verkäufer • Haus – Häuser • laufen – läuft

c Wie drückt man in eurer Sprache Schmerz aus? Sagt man auch *au!*?
Oder etwas anderes? Vergleicht.

11 Wer ist am schönsten im ganzen Land?

a Seht das Bild von Pia und Plato an. Was ist los?

> Ich denke,
> Pia geht zu einer
> Modenschau.

> Ich glaube, …

1.40

b Hört das Gespräch von Pia, Nadja, Robbie,
Paul und Anton. Wer kommt mit?

c Hört noch einmal. Wie denken die Freunde über Pias Plan? Ordnet in die Tabelle.

> Schön oder nicht schön – das ist doch egal. •
> Na gut. • Das ist doch spannend. •
> Ich finde das auch interessant. • Ich finde so
> etwas langweilig. • Das ist doch lustig.

☺	😐	☹

12 Ende gut, alles gut?

a Wie geht es weiter? Schreibt zu zweit eine kurze Geschichte.

es regnet stark   Hundeshow beginnt gleich   springt in die Pfütze   ist schockiert

telefoniert

schmutzig

läuft weg   wollen Plato fangen   hat einen Regenschirm   …

b Lest eure Geschichten in der Klasse vor.

Kannst du das schon?

Kleidung
– der Anzug | der Badeanzug | der Bikini | die Bluse | die Hose | der Hut | die Jacke | die Jeans | das Kleid | der Mantel | der Pullover | der Rock | der Schuh | der Strumpf | das Hemd | das Sweatshirt | die Strumpfhose | das T-Shirt

Farben
– orange, lila, rosa, schwarz, grau, blau, grün,   , rot, gelb, braun

über Bilder sprechen
– Links sind zwei Umkleidekabinen. Ein Mädchen probiert eine Hose an. Rechts sind auch zwei Mädchen. Sie haben einen Rock, ein Kleid und eine Bluse. Hinten ist ein Fenster. Vorne halten zwei Mädchen ein Kleid und eine Hose in der Hand.

Adjektive (I) mit dem bestimmten Artikel: Nominativ
– Die weiße Hose und das weiße Hemd gehören Markus.
– Die schwarze Jacke und der schwarze Hut gehören Laurin.
– Die grünen Schuhe und der grüne Rock gehören Miriam.

Preise erfragen und nennen
– ● Was kostet das rote T-Shirt?
  ○ Das rote T-Shirt kostet 15,99 €. Wie viel kostet der schwarze Anzug?
  ● Der schwarze Anzug kostet 139,50 €. Wie viel kostet die graue Sporthose?
  ○ Sie kostet 19 €. Was kosten die blauen Schuhe?
  ● Die Schuhe kosten 49,90 €.

Adjektive (I) mit dem bestimmten Artikel: Akkusativ
– Für das Schulfest finde ich den schwarzen Anzug schön.
– Für die Party finde ich das orange Sweatshirt cool.
– Für die Schule finde ich die lila Strumpfhose toll.
– Für das Sportfest finde ich weiße Strümpfe gut.

Meinungen ausdrücken
– Eine Hundeshow? Das ist doch lustig/spannend. | Ich finde das auch interessant. | Das ist doch egal. | Ich finde so etwas langweilig.
– Die Kleidung von Pia? Ganz hübsch, aber nicht sehr modern. | Das T-Shirt gefällt mir nicht gut. | Der Rock ist echt super. | Die Farbe finde ich nicht so toll. | Der Pulli steht ihr gut.

– Warum nicht?
– Das steht dir echt gut!
– Für mich ist das nichts.

Noch einmal, bitte

Kleidung
Nennt möglichst viele Kleidungsstücke mit Artikel.

Farben
Welche Farben tragt ihr? Welche Farben trägt euer Partner?

über Bilder sprechen
Beschreibt das Bild auf Seite 44: Links/Rechts/Vorne/Hinten ist/sind …

Adjektive (I): Nominativ
Wem gehören die Sachen?
Markus: Hose, Hemd (weiß)
Laurin: Jacke, Hut (schwarz)
Miriam: Schuhe, Rock (grün)

Preise erfragen und nennen
Fragt und antwortet.

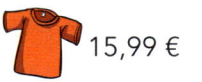
15,99 €   139,50 €   19,– €   49,90 €

Adjektive (I): Akkusativ
Was findet ihr schön? Für das Schulfest, für die Party, für die Schule, für das Sportfest?

Meinungen ausdrücken
Wie findest du eine Hundeshow? Wie gefällt dir die Kleidung von Pia?

Warum nicht?

7

Wir lernen:
Gefühle äußern | Treffpunkte planen | Zeitangaben
machen | über Freundschaft sprechen
Adjektive (II) mit dem unbestimmten Artikel:
ein arroganter Typ, einen großen Fehler | Fragen
in der Vergangenheit

Freundschaften

1 Der Angeber

a Seht die Bilder an. Was passiert? Wie geht es Paul? Warum?

A

B

> *Auf Bild A sieht man Marc und Paul.*

1.41

b Hört die Gespräche und beantwortet die Fragen. Sprecht in der Klasse.

1. Was gibt es morgen?
2. Was müssen Marc und Paul machen?
3. Wie findet Paul das Sportfest?

4. Wie findet Marc das Sportfest?
5. Wer tröstet Paul?
6. Was denkt Paul von Marc?

c Welche Sätze passen zu welcher Person? Ordnet zu. Hört zur Kontrolle.

> Sei nicht traurig! • Das ist mir doch egal! • Ach, das blöde Sportfest. •
> Das interessiert mich nicht! • Das ist doch nicht blöd. Das ist toll! • Marc ist ein doofer
> Angeber. • Du hast keine Chance. • Was ist denn los? • Du schaffst das schon! •
> Quatsch, ich habe doch keine Angst! • Ich gewinne. • Dabei sein ist alles!

Paul	Pia	Marc
	Sei nicht traurig!	

2 Du schaffst das schon!

Was sagen die Jungen, was sagt das Mädchen? Schreibt zu zweit ein Minigespräch zu der Situation. Die Sätze aus Aufgabe 1c helfen.

• Hey, was ist denn los?
○ Ach, nichts.
• Du schaffst ...

▶ Na, Kleiner, hast du Angst?
▷ Nö, warum?
▶ Gleich musst du springen.
▷ ...

3 Auf dem Sportfest

a Wie geht die Geschichte? Ordnet die Bilder.

A

B

C PENG!

D

b Erzählt die Geschichte.

1. der Lauf – beginnen – loslaufen
2. schneller laufen als … – Fans von Marc – begeistert sein
3. die Kurve nicht sehen – in die Absperrung laufen
4. den Lauf gewinnen – glücklich sein – verletzt sein

> *Der Lauf beginnt.*
> *Marc und Paul …*

4 Typen

a Welche Adjektive passen zu Marc, welche zu Paul und welche zu Pia? Ordnet zu.

> arrogant • sensibel • beliebt • sportlich • groß • optimistisch •
> pessimistisch • stark • schüchtern • nett • schnell • hübsch •
> fair • schrecklich

> *Marc: arrogant, …*
> *Paul: …*
> *Pia: …*

b Beschreibt Marc, Paul und Pia. Die Wörter in 4a helfen.

> … ist ein/kein … Junge/Mädchen. • … ist ein/kein
> … Typ. • … ist eine/keine … Freundin. •
> … sind … Typen. • … sind keine … Typen.

Marc ist ein arroganter Typ.
Er ist kein netter Junge.

Adjektive (II): Nominativ

de**r** → ein/kein arrogante**r** Typ
da**s** → ein/kein sensible**s** Mädchen
di**e** → eine/keine nett**e** Freundin

di**e** → – sportlich**e** Typen
      keine sportlich**en** Typen

5 Wer ist hier der Idiot?!

Seht das Bild an. Welche Fragen könnt ihr beantworten? Wählt aus und antwortet.

1. Wohin wollte Florian gehen?
2. Was ist passiert?
3. Wer hat das getan? Wer ist also der Täter?
4. Wen wollte der Täter ärgern?
5. Wann hat Florian das gesehen?
6. Warum hat der Täter das gemacht?

Florian wollte …

6 Florians Freunde: Wer war's?

a **Spielt zu viert. Verteilt die Rollen: Berni, Miriam, Lasse und Detektiv. Fragt und antwortet.**

Berni	Miriam	Lasse
Warum? * Lateintest – bei Florian abschreiben wollen – Florian „nein" sagen **Wo?** * im Kino **Mit wem?** * allein	**Warum?** * gestern mit Florian Computer spielen – immer verlieren **Wo?** * bei Florian zu Hause **Mit wem?** * nur mit Florian	**Warum?** * immer weniger Zeit für mich haben – traurig sein **Wo?** * Basketball spielen **Mit wem?** * mit einem Freund

Berni, warum warst du sauer auf Florian?

Aha. Und wo warst du gestern Abend?

Gestern hatten wir einen Lateintest. Ich wollte bei …

Fragen in der Vergangenheit

Warum warst/hast du …?
Wo warst/hast du …?
Mit wem warst/hast du …?

b **Was denkt ihr? Wer ist der Täter? Sprecht in der Klasse.**

Ich glaube, es war …, weil …

Quatsch! Das glaube ich nicht. Ich denke, es war …

Mein Name ist Bond! Dora Bond!

7 Florians Plan

 a Hört die Mailbox-Nachricht. Lest die Nachrichten von Florians Cousin. Welche passt?

1.42

> **17:00 von 0151/23420708**
> Hi Florian,
> in einer Stunde? Das
> ist zu früh. Ich komme
> um 5 vor halb 7 zu dir.
> Bis nachher! Andi

> **17:15 von 0151/23420708**
> Alles klar. Ich komme
> in einer Viertelstunde
> zu dir. Bis gleich.
> Wir finden ihn!!!
> Andi

> **17:25 von 0151/23420708**
> Flo, meinst du, der Täter
> kommt? Na gut. Wir
> versuchen es. Du kannst
> zu mir kommen, kein
> Problem.

b Wann und wo? Jeder schreibt ein Kärtchen mit Zeit und Treffpunkt.

Zeitangaben	
in 60 Minuten	in einer Stunde
in 30 Minuten	in einer halben Stunde
in 15 Minuten	in einer Viertelstunde
um 5:25 Uhr	um fünf vor halb sechs
um 5:35 Uhr	um fünf nach halb sechs

c Fragt und antwortet wie im Beispiel. Tauscht dann die Kärtchen und fragt andere Personen.

> Kommst du in einer halben Stunde zu mir?

> Nein. Ich komme lieber um fünf vor halb sieben zu Maria.

> Kommst du …?

 d Notiert die Zeitangaben im Grammatikkasten aus Aufgabe 7b in eurer Sprache und in anderen Fremdsprachen. Was ist anders, was ist gleich?

> in einer halben Stunde –
> in half an hour

8 Ich- und Ach-Laut

 a Wo hört ihr *ch* wie in *ich*? Wo hört ihr *ch* wie in *acht*? Hört und sprecht nach.

1.43

nicht – Nacht • doch – dich • mach – mich • Sprachen – sprechen
Buch – Bücher • welche – Woche • euch – auch • Kuchen – Küche

 b Jeder macht zwei Kärtchen: eins mit *ich*, eins mit *acht*.
Hört die Wörter und zeigt die richtige Karte. Sprecht dann nach.

1.44

1. Nacht
2. schüchtern
3. doch
4. nicht
5. machen
6. versuchen
7. sportlich
8. Buch
9. Bauch
10. welche
11. gleich
12. mich
13. Sprache
14. Milch
15. durch
16. Unterricht
17. schrecklich
18. Mädchen

> **Ich- und Ach-Laut**
> ch spricht man meistens
> wie in ich.
> Nach a, o, u, au spricht
> man ch wie in acht.

9 Ein Entschuldigungsbrief

a Lest den Brief. Wer hat ihn geschrieben?

Hamburg, den 24.06.

Hi Flo,

ich habe „Idiot" an die Garage geschrieben. Es tut mir wirklich leid. Das war eine superblöde Idee. Und jetzt hast du ein großes Problem mit den Nachbarn.
Ich war sauer auf dich, weil du nur noch mit Miriam zusammen bist. Immer sitzt ihr vor dem Computer. Ich weiß, ich habe einen dummen Fehler gemacht. Ich mache es wieder gut. Ich hoffe, du suchst jetzt keine neuen Freunde zum Basketballspielen. …

b Wie findet ihr die Entschuldigung auf dem Foto? Was denkt ihr? Akzeptiert Florian die Entschuldigung?

10 Eine superblöde Idee

Schreibt den Brief ins Heft.
Ergänzt Adjektive in der richtigen Form.
Es gibt mehrere Möglichkeiten.

Hi Marlene,

ich habe die Nachricht im Internet über dich geschrieben. Es tut mir sehr leid. Da hatte ich eine 🐾 Idee. Und jetzt hast du ein 🐾 Problem in der Schule. Ich war sauer auf dich, weil du in der Klasse schlecht über mich gesprochen hast.
Ich weiß, ich habe einen 🐾 Fehler gemacht. Ich mache es wieder gut. Versprochen!
Ich schlage vor, wir zwei vermeiden in Zukunft so 🐾 Fehler und bleiben trotzdem gute Freunde.

Deine Miriam

> doof • groß • riesig • dumm •
> blöd • gut • echt • böse

Adjektive (II): Akkusativ

den → einen/keinen dumm**en** Fehler
das → ein/kein groß**es** Problem
die → eine/keine gut**e** Idee

di**e** → – blöd**e** Fehler
keine blöd**en** Fehler

11 Was ist Freundschaft?

Was ist das Wichtigste für euch bei einer Freundschaft? Sammelt in der Klasse.

Ein Freund kann verzeihen …

Man kann …

> verzeihen können   über alles reden können
> immer abschreiben können
> über die gleichen Sachen lachen …

12 Projekt: Freundschaft in elf Wörtern

Schreibt kleine Gedichte aus elf Wörtern (= „Elfchen")
zum Thema *Freundschaft*.

Elfchen haben immer elf Wörter: 1 + 2 + 3 + 4 + 1 in jeder Zeile.
● Macht einen Elfchen-Wettbewerb: Wer schreibt das schönste Gedicht? ● Hängt die schönsten Elfchen im Klassenzimmer auf.

Freunde
sind stark.
Angeber, Ärger, Idioten
sind nicht mehr wichtig.
Super!

Kannst du das schon?

Gefühle äußern
– Sei nicht traurig! | Du schaffst das schon! | Dabei sein ist alles!
– Das ist mir doch egal! | Das interessiert mich nicht!
– Quatsch, ich habe doch keine Angst!

Adjektive (II) mit dem unbestimmten Artikel: Nominativ
– Marc ist ein arroganter Typ.
– Pia ist ein starkes Mädchen.
– Sie ist keine arrogante Freundin.
– Marc und Paul sind sportliche Jungen.
– Sie sind keine guten Freunde.

Fragen in der Vergangenheit
– Was ist passiert?
– Wann hat Florian das gesehen?
– Wohin wollte Florian gehen?
– Wer hat das getan? Wer ist also der Täter?
– Warum hat der Täter das gemacht?

Zeitangaben machen
– in einer Stunde | in einer halben Stunde | in einer Viertelstunde
– um fünf vor halb sechs | um zwei nach halb sieben

Adjektive (II) mit dem unbestimmten Artikel: Akkusativ
– Ich habe einen großen Fehler gemacht.
– Jetzt hast du ein riesiges Problem.
– Da hatte ich eine blöde Idee.
– Ich habe trotzdem gute Freunde.

über Freundschaft sprechen
– Ein Freund kann verzeihen.
– Man kann über alles reden.
– Man kann immer abschreiben.

– Er ist ein doofer Angeber.
– Du bist ein Idiot!
– Ich bin sauer auf dich.
– Was ist denn los?

Noch einmal, bitte

Gefühle äußern
Was sagt ihr, wenn …
… ihr jemanden tröstet?
… euch etwas egal ist?
… ihr keine Angst habt?

Adjektive (II): Nominativ
Ergänzt die Endungen:
Marc ist ein arrogant___ Typ.
Pia ist ein stark___ Mädchen.
Sie ist keine arrogant___ Freundin.
Marc und Paul sind sportlich___ Jungen.
Sie sind keine gut___ Freunde.

Fragen in der Vergangenheit
Stellt Fragen:
– Jemand hat etwas an die Garage geschrieben.
– Am Morgen.
– Zur Schule.
– Lasse.
– Weil er nicht genug Zeit für Lasse hatte.

Zeitangaben
Wie kann man auch sagen?
– *in 60 / in 30 / in 15 Minuten*
– *um 17:25 / um 6:32 Uhr*

Adjektive (II): Akkusativ
Ergänzt die Endungen:
Ich habe …
… einen groß___ Fehler gemacht.
… ein riesig___ Problem.
… eine blöd___ Idee.
… gut___ Freunde.

über Freundschaft sprechen
Was ist Freundschaft für euch? Schreibt drei Sätze.

Angeber!

Wir lernen:
über Feste sprechen | auf eine Einladung reagieren |
Freude und Ärger ausdrücken | Essen und Trinken
Datum und Ordinalzahlen | bestimmte Artikel im
Dativ: *dem/der/den* | reflexive Verben: *sich freuen*

Familienfeste

1 Ein Fest planen

a Was plant Familie Fischer? Lest den Notizzettel im Smartphone und sammelt Ideen.

*Gasthaus reservieren
Essen bestellen
Termin klären: Freitag
oder Samstag?
Tischdekoration
Einladungen schreiben*

> *Vielleicht planen sie ein Sommerfest.*

> *Ich denke, sie machen …*

> *Ich glaube, die Familie will …*

> *ein Sommerfest planen, …*

b Was will Familie Fischer machen? Hört und vergleicht mit euren Ideen.

1.45

c Hört noch einmal. Was ist richtig? Was ist falsch? Notiert im Heft.

1. Der Opa von Familie Fischer hat am fünften Mai Geburtstag.
2. Am fünften Mai ist das Fest für den Opa.
3. Onkel Fritz und die Cousinen aus Kanada kommen auch zum Fest.
4. Anna ist glücklich, weil ihre Cousins aus Berlin kommen.
5. Annas Eltern wollen eine Liste machen.

2 Ein wichtiges Datum

 a Wie heißen die Monate auf Deutsch und in euren Sprachen?
Sammelt und vergleicht: Was ist ähnlich?

b Lest den Grammatikkasten. Fragt und antwortet zu zweit.

> *Bis 19 mit **-ten**, ab 20 mit **-sten**.*

> *Wann hast du Geburtstag?*

> *Wann hat deine Mama / dein Papa Geburtstag?*

> *Wann hat dein/deine … Geburtstag?*

Wann? – am + Ordinalzahlen
Wann hat Opa Geburtstag?
am **ersten**, am zweiten, am **dritten**, am vierten, am fünften, am **siebten**,
am zwanzig**sten**, am einundzwanzigsten, am dreißigsten, … Mai

c Wer hat im Jahr zuerst Geburtstag? Wer dann? Wer ist der/die Letzte im Jahr?
Stellt euch in einer Reihe auf. Dann sagt jeder seinen Geburtstag.

3 Einladung

Vergleicht die Einladungen. Welche Information fehlt in 1, welche in 2? Ergänzt die Tabelle.

Was gibt es?	Wann?	Wo?	Was sollen die Gäste tun?
Geburtstagsfest			

1

Opa wird 70!
Das wollen wir mit ihm feiern.

Gasthaus Rebstock in Würzburg, Neubaustraße 7
Kommt ihr? Bitte Nachricht an Gero und Eva,
Tel. 0157–12 28 385,

E-Mail: mainfischer@yahoo.de
Wer kann etwas auf dem Fest machen?
Musik, Fotos von früher, …

2

Einladung zum Geburtstagsfest
Man glaubt es kaum –
vor 70 Jahren ist Opa Michael geboren!
Wir feiern am **9. Mai ab 14.00 Uhr**.

Das Geburtstagskind
weiß noch nichts!
Bitte bei uns anrufen.

4 Danke für die Einladung

a Auf eine Einladung reagieren: Sortiert die Ausdrücke und schreibt sie ins Heft.

Danke für die Einladung. • Wir haben die Einladung bekommen, danke! • Wir haben
uns über die Einladung sehr gefreut. • Es tut mir leid, … • Ich komme wirklich gern. •
Ich freue mich schon. • Ich habe leider nicht frei. • Ich kann leider nicht kommen. •
Ich komme bestimmt. • Wir können leider nicht kommen. • Schade.

danken	zusagen	absagen
Danke für die Einladung.		

1.46

b Wer kommt zum Fest? Hört die beiden Gespräche.

1. Wer kommt bestimmt?   2. Wer weiß es noch nicht?   3. Wer kann nicht kommen?

5 Party, Party!

a Was passt zusammen? Ordnet Fragen und Antworten zu. Sprecht zu zweit.

1. Wo können wir feiern?
2. Wie kommen wir zur Party?
3. Wann wollen wir die Party machen?
4. Und wie kommen wir nach Hause?
5. Mit wem wollen wir feiern?

A In den Ferien, gleich am 8. Juli.
B Am besten mit dem Bus. Ich schicke euch den Link.
C Papa bringt uns nach der Party mit dem Auto zum Bus.
D Mit den Freunden aus der Schule.
E Bei meinem Vater. Er wohnt auf dem Land.

b Eure Traumparty. Wann und wo ist sie? Mit wem feiert ihr? Überlegt zu zweit.

Wir feiern mit 100 Freunden.
Wir fliegen mit dem Flugzeug nach …
Bei der Party singt/tanzt/spricht …

bestimmte Artikel im Dativ	
der Bus	mit **dem** Bus
das Auto	mit **dem** Auto
die Party	nach **der** Party
die Freunde	mit de**n** Freunde**n**

6 Vor dem Fest

1.47

a Nadja und Jannik sprechen über ein Fest. Was sagen sie über die Verwandten, das Essen und das Programm?

> nett • langweilig • nervig • lecker •
> blöd • komisch • peinlich • lustig • super

Jannik findet seine Cousins super.

Nadja denkt, die Cousins sind …

1.48

b Hört weiter. Was ist Nadjas Plan? Wählt aus.

1. Nadja möchte nicht feiern und geht mit Jannik zu Pia.
2. Jannik und Nadja malen für Oma ein schönes Bild.
3. Sie dekorieren und bereiten das Fest vor. Pia hilft ihnen.
4. Nadja lädt ihre Freunde ein und singt mit ihnen zusammen.

c Was ist mit Nadja, Pia und Jannik? Ordnet zu. Welche Gründe passen?

1. Nadja ärgert sich,
2. Jannik freut sich,
3. Nadja langweilt sich,
4. Nadja bedankt sich,
5. Pia freut sich,
6. Jannik langweilt sich,

> … die Verwandten kommen • … das
> Essen (nicht) gut sein • … ohne Freunde
> feiern • … mit Freunden feiern •
> … Geschenke bekommen • … dekorieren
> und mitfeiern können

freut sich

langweilt sich

ärgert sich

bedankt sich

Nadja ärgert sich, weil die Verwandten kommen.

7 Der große Tag

1.49

Lest und hört das Gespräch. Was machen Nadja, Jannik und ihre Mutter vor dem Fest?

Mama: So, jetzt machen wir uns alle schön. Jannik, du kämmst dich, und Nadja, du ziehst dich hübsch an – vielleicht dein Blumenkleid?

Jannik: Mama, ich habe mich schon gekämmt!

Nadja: Und ich will das Blumenkleid nicht anziehen. Ich mache mich gern schön für Uroma – aber mit Hose.

Mama: Ja, ja, Nadja. Und wascht euch bitte vorher!

Jannik: Aber Mama, ich habe doch gestern schon geduscht.

Nadja: Ich dusche gleich und wasche meine Haare. Und dann föhne ich mich und schminke mich. Aber du bist auch noch nicht fertig, oder, Mama?

Jannik: Ja, du musst dich noch schminken und dich noch anziehen!

Mama: So – jetzt nervt aber nicht! Helft lieber ein bisschen.

Jannik kämmt sich.

Jannik	kämmt sich
Nadja	zieht sich an
Mutter	…

8 Partnerspiel

Fragt einen Partner. Wann oder wo machst du das?

| Wann Wo | … kämmst du dich? … wäschst du dich? … freust du dich? … ärgerst du dich? … langweilst du dich? | Ich kämme mich Ich wasche mich Ich freue mich Ich ärgere mich Ich langweile mich | … am Morgen. … in meinem Zimmer. … morgens und abends. … im Bad. … , wenn ich Geburtstag habe. … , wenn es regnet. … , wenn niemand Zeit hat. … |

Wo kämmst du dich?

Ich kämme mich in meinem Zimmer. Und wann freust du dich?

Reflexive Verben: sich freuen

ich freue **mich**
du freust **dich**
er/sie freut **sich**

9 Was haben die drei gemacht?

Notiert Sätze mit Verben aus Aufgabe 7 und 8.

Nadja hat sich schön angezogen.

10 Alles Gute, Oma!

a Wie kann man gratulieren? Welche Ausdrücke kennt ihr?

Gratuliere!

 b Hört das Gespräch. Wie gratulieren Nadja und Pia?
1.50

Herzlichen Glückwunsch! • Gute Besserung! • Alles Gute! • Gesundheit! •
Ein glückliches neues Jahr! • Wir gratulieren dir! • Ich wünsche dir noch viele glückliche Jahre!

11 Schwaches e und schwaches a

 a Schwaches e und schwaches a am Wortende. Hört die Wörter und sortiert.
1.51

Verwandte • Vater • Mutter • Tante • Schwester •
Bruder • Cousine • Geschwister • eine Tochter •
zwei Söhne • viele Leute • drei Kinder • Onkel

schwaches „e"	schwaches „a"
Verwandte	Vater

 b Wo spricht man am Wortende ein schwaches e, wo ein schwaches a? Sprecht leise.
1.52 **Hört zur Kontrolle.**

Ich gehe mit dem Vater zu einer Feier. • Die Schwester ist von der Schule gekommen. •
Die Großmutter möchte ihre Enkel sehen. • Meine Tante hat Geschenke mitgebracht.

12 Lecker? Lecker!

a Was ist das? Ordnet den Bildern zu.

1. eine Tasse Kakao, Brötchen mit Butter und Marmelade
2. ein Stück Kuchen, zwei Stück Torte und ein Eis
3. Braten mit Kartoffeln und Soße, Nudeln und Gemüse, Salz und Pfeffer
4. ein Kaffee mit Zucker und Milch, ein Ei, Müsli mit Quark oder Joghurt
5. ein Hamburger mit Käse und Tomaten, ein Paar Würstchen mit Brot
6. Hähnchen mit Reis, dazu ein Glas Orangensaft
7. eine Bratwurst mit Pommes und Brot, eine Flasche Limonade

> Bild A:
> Das ist Braten
> mit …

b Was passt besser? Verwendet die Speisen und Getränke aus 12a.

> Die Nachspeise
> für den Herrn.

> In Bild 1 passt das
> Wurstbrot nicht. Hier
> passt … oder …

13 Mal so, mal so!

 a Was esst und trinkt ihr wann? Notiert eure Speisen und Getränke.

1. morgens, zum Frühstück
2. vormittags, in der Pause
3. mittags, nach der Schule
4. nachmittags, zwischendurch
5. bei einem Familienfest
6. abends, mit der Familie

> 1. Morgens esse ich ein
> Brötchen mit Butter.
> Ich trinke …

b Projekt: Speiseplan für eine Traumparty

Was gibt es auf eurer Traumparty? Was möchtet ihr essen und trinken? Macht einen Speiseplan.
● Tauscht die Speisepläne dann mit einem Partner oder einer Partnerin aus und schreibt einen Einkaufszettel für die Party.

Kannst du das schon?

Wann? – am + Ordinalzahlen
– Wann hast du Geburtstag?
– Ich habe / Mein Freund / Meine Mama hat am ersten |
  zweiten | dritten | vierten | siebten | zwölften | einund-
  zwanzigsten | dreißigsten …/Juli/August/… Geburtstag.

auf eine Einladung reagieren: sich bedanken, absagen, zusagen
– Danke für die Einladung. / Wir haben die Einladung bekommen,
  danke! / Wir haben uns über die Einladung sehr gefreut.
– Ich komme wirklich gern. / Ich freue mich schon. /
  Ich komme bestimmt.
– Schade. / Es tut mir leid, … / Ich habe leider nicht frei. /
  Ich kann leider nicht kommen.

bestimmte Artikel im Dativ
– nach der Schule / nach der Party / vor dem Abendessen /
  am Abend / …
– mit dem Bus / mit dem Auto / mit dem Fahrrad /
  mit der U-Bahn / …
– mit den Freunden / mit den Eltern / mit den Verwandten / …

Freude und Ärger ausdrücken
– Ich freue mich total. / Das ist doch super.
– Das ist nett/lecker/lustig/komisch/super.
– Wie langweilig/nervig/blöd/peinlich!
– Ach, du bist blöd!

reflexive Verben
– Ich kämme mich.
– Du ärgerst dich.
– Er wäscht sich im Bad.
– Wir freuen uns.
– Ihr langweilt euch.
– Sie bedanken sich.

Essen und Trinken
– Morgens esse ich ein Brötchen mit Butter und Marmelade,
  ich trinke Kakao.
– Mittags esse ich ein Hähnchen mit Reis und Soße und trinke
  Limonade.
– Abends esse ich ein Paar Würstchen mit Brot und trinke Wasser.

– Auf keinen Fall!
– Jetzt nerv(t) aber nicht!
– Schade.

Noch einmal, bitte

Wann? – am + Ordinalzahlen
Wann hast du / dein Freund /
deine Freundin /
deine Mama /
dein Papa
Geburtstag?

auf eine Einladung reagieren
Ihr seid zu einer Geburtstags-
party eingeladen. Bedankt
euch und sagt zu oder ab.

bestimmte Artikel im Dativ
Wann fahrt ihr nach Hause?
Wie fahrt ihr zur Schule?
Mit wem feiert ihr Feste?

Freude und Ärger aus-drücken
Ihr ärgert euch /
freut euch.
Was könnt
ihr sagen?

reflexive Verben
Macht Sätze.
ich | kämmen
du | ärgern
er | waschen
wir | freuen
ihr | langweilen
sie | bedanken

Essen und Trinken
Was esst und trinkt ihr
morgens, mittags und
abends?

*Auf keinen
Fall!*

Grammatikübersicht

Reflexive Verben und Reflexivpronomen

Personalpronomen	Reflexivpronomen			
ich	mich	Ich	wasche	**mich.**
du	dich	Du	langweilst	**dich.**
er/es/sie	sich	Inka	zieht	**sich** an.
wir	uns	Wir	ärgern	**uns.**
ihr	euch	Ihr	freut	**euch.**
sie	sich	Sie	kämmen	**sich.**
Sie	sich	Warum	ärgern Sie	**sich?**

Reflexive Verben in Logisch neu! A2:

sich an|ziehen, sich ärgern, sich aus|ruhen, sich aus|weisen, sich bedanken, sich beschäftigen, sich entspannen, sich erinnern, sich föhnen, sich freuen, sich fürchten, sich interessieren, sich kämmen, sich langweilen, sich melden, sich schminken, sich schön|machen, sich setzen, sich sonnen, sich streiten, sich verabreden, sich verletzen, sich vor|stellen, sich waschen

Nebensätze mit *weil*

				Satzende
Henri ist ein Fan von Adele. Sie (singt) gut.				
→ Henri ist ein Fan von Adele,		**weil**	sie gut	(singt).
→ **Warum** ist Henri ein Fan von Adele		**Weil**	sie gut	(singt).
Ich mag unseren Lehrer. Er (ist) lustig.				
→ Ich mag unseren Lehrer,		**weil**	er lustig	(ist).
→ **Warum** magst du euren Lehrer?		**Weil**	er lustig	(ist).

Ordinalzahlen: *Wann? – am ...*

Zahlen bis 19	...-ten	Zahlen ab 20	...-sten
eins, zwei, drei, ..., sechs, sieben, ...	**ersten**, zwei**ten**, **dritten**, ..., sechs**ten**, **siebten**, ...	zwanzig, einundzwanzig, ...	zwanzig**sten**, einundzwanzig**sten**, ...

Bestimmte Artikel im Dativ

	Dativ	
der	**dem**	Ich fahre mit **dem** Bus.
das	**dem**	Treffen wir uns nach **dem** Abendessen?
die	**der**	Fährst du mit **der** U-Bahn?
die	**den**	Hast du schon mit **den** Kinder**n** geredet?

Adjektivsteigerung und Vergleiche mit *als* und *wie*

+	++	+++	
schnell	schnell**er**	am schnell**sten**	Paul läuft genau**so** schnell **wie** ich. Kolja läuft schnell**er** **als** Paul. Nadja läuft **am schnellsten**.
groß	gr**öß**er	am gr**öß**ten	Ich bin **so** groß **wie** Oma. Mein Vater ist gr**öß**er **als** ich. Mein Bruder ist **am größten**.
hoch	h**öh**er	am h**öch**sten	Unsere Schule ist **so** hoch **wie** der Supermarkt. Das Rathaus ist h**öh**er **als** unsere Schule. Die Kirche ist **am höchsten**.
gut	**besser**	am **besten**	Ich finde Volleyball **so** gut **wie** Tennis. Ich finde Fußball **besser als** Tennis. Basketball finde ich **am besten**.

Adjektive mit dem bestimmten oder unbestimmten Artikel im Nominativ

	bestimmter Artikel		unbestimmter Artikel	
der	**der**	Der blau**e** Pullover gehört Jannik.	**ein** **kein**	Paul ist ein gut**er** Schüler. Robbie ist kein gut**er** Schüler.
das	**das**	Das grün**e** Kleid gehört Oma.	**ein** **kein**	Nadja ist ein sportlich**es** Mädchen. Pia ist kein sportlich**es** Mädchen.
die	**die**	Die braun**e** Jacke gehört Kolja.	**eine** **keine**	Pia ist eine arrogant**e** Freundin, oder? So ein Quatsch! Pia ist keine arrogant**e** Freundin!
die	**die**	Die gelb**en** Schuhe gehören Frau Müller.	**–** **keine**	Das sind dumm**e** Fragen. Nein, das sind kein**e** dumm**en** Fragen.

Adjektive mit dem bestimmten oder unbestimmten Artikel im Akkusativ

	bestimmter Artikel		unbestimmter Artikel	
der	**den**	Ich finde den rot**en** Rock toll.	**einen** **keinen**	Ich habe ein**en** groß**en** Fehler gemacht. Nein, du hast kein**en** groß**en** Fehler gemacht.
das	**das**	Ich mag das gelb**e** Kleid nicht.	**ein** **kein**	Robbie hat ein klein**es** Problem. Wer hat kein klein**es** Problem?
die	**die**	Ich finde die grün**e** Jacke cool!	**eine** **keine**	Du hattest eine blöd**e** Idee. Und du? Hattest du keine blöd**e** Idee?
die	**die**	Ich mag die weiß**en** Turnschuhe.	**–** **keine**	Ich stelle manchmal dumm**e** Fragen. Quatsch! Es gibt kein**e** dumm**en** Fragen. Es gibt nur dumm**e** Antworten.

Fertigkeitstraining: Lesen

1 Lesen ist wie Puzzeln …

 Was passiert auf dem Bild? Lest die Fragen und schreibt Antworten ins Heft.

1. Wer ist auf dem Bild?
2. Was machen die Personen?
3. Welche Farbe hat der Pullover?
4. Welche Farbe hat das Kleid?
5. Wie ist das Wetter?

1. Auf dem Bild sind …

Ihr seht nicht alles, aber ihr könnt die Fragen beantworten, oder? So ist es auch mit Texten. Ihr müsst nicht jedes Wort kennen, aber ihr könnt den Text verstehen.

2 Leben mit Tieren

a Lest den Text und schreibt ihn ins Heft. Schreibt die unbekannten Wörter nicht ab, sondern lasst Lücken.

Haustiere früher und heute
Früher lebten auf einem Bauernhof viele Tiere. Es gab oft Pferde, Kühe, Schweine, Katzen und Hunde. Die Tiere unterstützten die Menschen bei der Arbeit oder sie beschützten den Hof. Die Menschen haben ihre nahrhafte Milch getrunken oder ihr leckeres Fleisch gegessen. Diese Tiere hießen „Haustiere".
Heute müssen Haustiere nicht mehr helfen. Sie sind oft unsere Freunde. Nur wenige Leute haben ein Haustier, weil es einen Nutzen hat.

Früher lebten auf einem _____ viele Tiere. Es …

b Lest euren Lückentext. Was sind die Themen? Sammelt an der Tafel.

> Tiere, ...

c Welche Wörter passen in eure Lücken? Ratet. Ihr könnt auch eure Muttersprache benutzen.

> Die Tiere _unterstützten_ die Menschen bei der Arbeit.
>
> helfen   kochen   hören

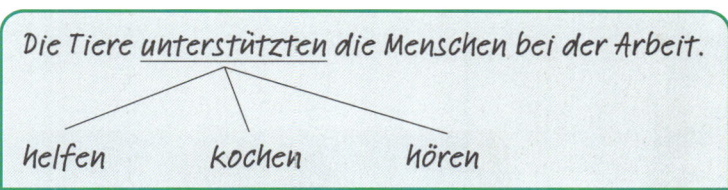

> Ich glaube „unterstützten" bedeutet „helfen". Die Tiere helfen bei der Arbeit. Das klingt logisch!

3 Lara Gut fährt schneller.

Lest den Text und beantwortet die Fragen. Schreibt die Lösungen ins Heft.

Die Schweizerin Lara Gut fährt auf Platz 1

2016 hat Lara Gut den alpinen Ski-Weltcup gewonnen. Endlich! Denn es gab für sie einige Jahre mit wenig Erfolgen. Sie ist 1991 geboren und war schon als Teenager besser als ihre Schweizer Teamkolleginnen. Das war in den Jahren von 2006 bis 2008. 2009 hatte sie jedoch kein Glück und konnte nicht zu den Olympischen Spielen, weil sie verletzt war. Jetzt fährt sie aber wieder, und sie fährt jedes Jahr besser! Sie hat einen neuen Trainer und trainiert viel. In der Schweiz ist sie nun ein Star und alle freuen sich mit Lara über ihre Medaillen und Siege. Journalisten ärgern sich aber manchmal über sie, denn sie ist direkt und kritisch.

Die hübsche Skifahrerin kommt aus dem Tessin. In dieser Gegend in der Schweiz spricht man Italienisch. Lara Gut hat auch ein Talent für Sprachen: Sie spricht Italienisch, Französisch, Deutsch, Englisch und Spanisch. Ihre Familie ist ihr wichtig. Zusammen mit ihrem Bruder Ian sieht sie zum Beispiel gern Eishockey-Spiele. Ihr Bruder fährt auch Ski und Lara sagt: „Ian hat mehr Talent als ich." Auch als Schauspielerin hat sie schon gearbeitet – in einem Film über eine Skifahrerin.

1. Wann war Lara Gut besonders erfolgreich?

   [a] 2006.

   [b] 2009.

   [c] 2016.

> Seht ihr? Ihr habt die Texte prima verstanden. Also, keine Angst in der Prüfung! Ihr müsst nicht jedes Wort verstehen!

2. Laras Bruder

   [a] ist nicht sportlich.

   [b] ist auch Skifahrer.

   [c] spielt Eishockey.

3. Mit wem hat Lara manchmal Probleme?

   [a] Mit Schweizer Fans.

   [b] Mit Journalisten.

   [c] Mit anderen Skifahrerinnen.

Stars und Promis

4 Berühmte Deutsche

a Wer sind die Personen auf den Fotos? Kennt ihr die Namen? Was machen sie?

> Die Frau auf Foto 1 ist …

b Lest die Texte. Welcher Text passt zu welchem Foto?

A

Manu – die Nummer 1

Am 27. März 1986 kommt Manuel Neuer in Gelsen-kirchen auf die Welt. Sein älterer Bruder sagt über Manuel: „Für Manuel hat es nur Schule und Fußball gegeben." Mit dem Fußballspielen hat Manuel als 5-Jähriger angefangen. Und heute? Er ist Torhüter und die Nummer 1 der deutschen Nationalmannschaft – so steht es auf seinem Trikot. Seit September 2016 ist Manuel auch der Kapitän der Mannschaft. Er kann aber nicht nur Fußball spielen. Auch im Tennis ist er richtig gut. Außerdem machen ihm Wandern, Fahrrad fahren und Vespa fahren viel Spaß. Wenn er gerade keinen Sport macht, arbeitet er für seine „Kids Foundation": Sie hilft armen Kindern in Manus Heimat Nordrhein-Westfahlen. Es ist ihm wichtig, dass die Kinder eine Chance auf ein besseres Leben haben.

B

Cro und die Pandamaske

Cro (Carlo Waibel, *31. Januar 1990 in Mutlangen) ist deutscher Rapper, Sänger, DJ, Cartoon-Zeichner und Designer von T-Shirts. Seinen Musikstil nennt er selbst „Raop" – eine Mischung aus Rap und Pop. Die Pandamaske ist Cros Markenzeichen. Cro gibt es nur mit Maske. Ohne sie ist er einfach Carlo. Auf der Straße weiß niemand, dass er Cro ist. Das ist ihm sehr wichtig. Cros erste Alben „Raop" (2012) und „Melodie" (2014) waren in Deutschland und Österreich sofort auf Platz 1 der Charts. 2015 erschien ein MTV-Unplugged-Album und auch die Single „Bye Bye" aus dem Album ist sofort auf Platz 1 der deutschen Singlecharts gestiegen. Im Jahr 2016 ist der Kinofilm „Unsere Zeit ist jetzt" über Cros Leben in die Kinos gekommen.

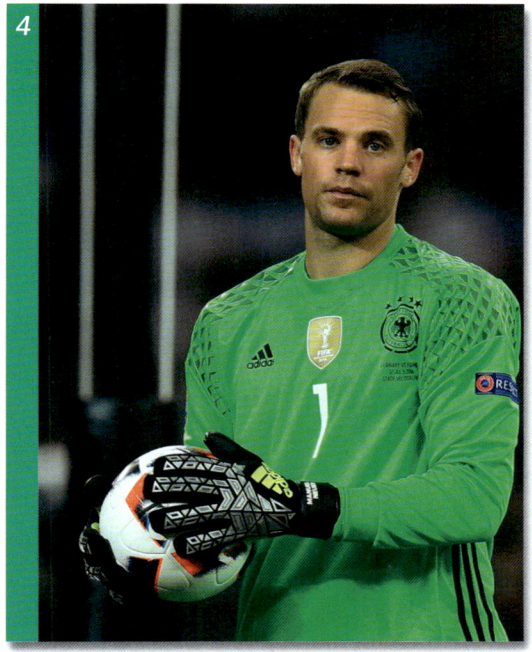

C

Angie – Erfolg mit links

Angelique Kerber (1988 in Bremen geboren) hat schon mit 3 Jahren mit dem Tennisspielen angefangen. Als Kind war sie auch eine sehr gute Schwimmerin, aber sie wollte die Nummer 1 im Tennis sein – wie ihr großes Vorbild Steffi Graf. Aber Angie musste lange und hart trainieren. Erst im Januar 2016 hat sie die Australian Open gewonnen. Im gleichen Jahr hat sie dann auch bei Olympia Silber geholt und schließlich auch noch die US-Open gewonnen! Endlich Platz 1 auf der Weltrangliste! Das hatte als letzte Deutsche Steffi Graf geschafft.

Angie ist normalerweise Rechtshänderin, aber Tennis spielt sie mit links. Angies Familie kommt aus Polen. Dort ist sie oft nach ihren Turnieren, geht shoppen und chillt mit ihren Freunden.

D

Das muss man über Diane Kruger wissen

Diane Kruger hat mit 15 Jahren den Modelwettbewerb „Gesicht des Jahres" gewonnen. Dann hat sich ihr Leben verändert: Arbeit als Model in Paris und Schauspielunterricht. Nach einigen Jahren war es endlich so weit: Sie spielte in verschiedenen Filmen mit. Ein wichtiger Film für sie war „Troja" von Hollywood-Regisseur Wolfgang Petersen. Von 2013 bis 2014 spielte sie die Hauptrolle in der US-Serie „The Bridge". Diane synchronisiert ihre Rollen in vielen Filmen selbst: Sie spricht neben Deutsch fließend Englisch und Französisch. Kruger war Jury-Mitglied bei den Filmfestspielen von Cannes und von Venedig.

 Film **c** Arbeitet zu viert. Jeder macht einen Steckbrief zu einer Person in 4a und b. Stellt eure Person in der Klasse vor.

5 Recherchiert zu zweit Informationen über eine weitere bekannte Person aus Deutschland, Österreich oder der Schweiz. Macht einen Steckbrief oder ein Plakat und stellt die Person vor.

Name: Angelique Kerber
Geburtsdatum / Ort:
Beruf:
Erfolge:
Privates:
Sonstiges:

9

Wir lernen:
über Geld sprechen | Wörter umschreiben |
Lieblingsdinge beschreiben
Sätze mit *dass* | *dieser, dieses, diese* im Nominativ
und Akkusativ | *ein, eine* im Dativ | *mein, dein, …*
im Dativ

Mein Geld, meine Sachen

1 Mein Taschengeld

a Seht das Bild an. Ordnet die Sachen in die Tabelle.

T-Shirt

Cola

Lautsprecher

Jugendmagazin

Gummibärchen

Schokoriegel

Nagellack

Gitarre

Kopfhörer

Computerspiel

iTunes-Karte

Kinokarte

Haargummis

Handykarte

Comic

Handy/Computer	Süßigkeiten / Fast Food	Musik/Ausgehen	Lesen	Kleidung/Kosmetik
		Kinokarte		

b Wofür gebt ihr euer Geld aus? Wofür am meisten? Wofür nur wenig? Sammelt
in der Klasse.

> Am meisten
> Geld gebe ich für …
> aus.

> Ich brauche
> nur wenig Geld
> für …

> Am liebsten kaufe
> ich …

2 Jugendliche und ihr Taschengeld

2.1

a Hört die Texte von Milli, Jan und Emil. Ergänzt die Tabelle im Heft.

	Taschengeld ja/nein	Wie viel?	Wofür?	Genug Geld?
Milli	ja			
Jan				
Emil				

b Projekt: Info-Prospekt Taschengeld. Macht einen Prospekt
zu den Fragen: Wie kann man sein Taschengeld aufbessern?
Wie kann man Geld sparen? Wo kann man sein Geld aufbe-
wahren? Gebt den Prospekt einem anderen Deutschkurs.

3 Welcher Taschengeld-Typ bist du?

a Lies den Test. Welche Antworten passen zu dir? Schreib die Buchstaben in dein Heft. Zähle dann deine Punkte.

1. Du siehst ein tolles T-Shirt in einem Laden. Was machst du?

a Ich gehe sofort in den Laden und kaufe es. Es ist egal, was es kostet.
b Ein neues T-Shirt? Ich habe doch erst vor zwei Jahren eins gekauft.
c Ich gehe zuerst nach Hause und zähle mein Geld.

2. Du bekommst Taschengeld von deinen Eltern. Was machst du damit?

a Ich gehe mit meinen Freunden ins Kino und kaufe Popcorn und Cola.
b Jeden Tag nehme ich ein bisschen Geld mit. Den Rest lasse ich zu Hause.
c Einen kleinen Teil behalte ich. Den Rest zahle ich auf mein Sparkonto.

3. Wie oft fragst du deine Eltern nach mehr Taschengeld?

a Nie.
b Selten. Nur dann, wenn ich etwas Wichtiges kaufen möchte.
c Zwei Tage nachdem ich mein Taschengeld bekommen habe.

4. Was möchtest du später arbeiten?

a Arbeiten? Ich heirate reich.
b In einer Bank Geld zählen.
c Egal! Hauptsache, es macht Spaß.

5. Shoppst du gern?

a Nö! Ich habe andere Hobbys.
b Ja, ich liebe es.
c Nein, ich schaue nur.

Frage 1	Frage 2	Frage 3	Frage 4	Frage 5
a 0 Punkte	a 2 Punkte	a 2 Punkte	a 0 Punkte	a 1 Punkt
b 2 Punkte	b 1 Punkt	b 1 Punkt	b 2 Punkte	b 0 Punkte
c 1 Punkt	c 0 Punkte	c 0 Punkte	c 1 Punkt	c 2 Punkte

b Welcher Typ bist du? Ordnet die Sätze 1–6 den drei Taschengeld-Typen zu. Schreibt alles ins Heft.

8–10 Punkte	**Der Sparer:** Du hast nie Sorgen mit deinem Taschengeld.
4–7 Punkte	**Der praktische Typ:** Geld ist nicht so wichtig für dich.
0–3 Punkte	**Der Pleitegeier:** Wenn du Geld in die Hand nimmst, ist es sofort wieder weg.

1. Du gibst auch gern mal Geld aus, aber nur, wenn du etwas wirklich brauchst.
2. Du denkst, dass deine Eltern dir mehr Geld geben müssen.
3. Deine erste Million hast du bald gespart.
4. Vergiss beim Sparen nicht, dass Geldausgeben auch Spaß machen kann.
5. Du kannst auch ein bisschen jobben! Dann hast du weniger Zeit fürs Geldausgeben. ☺
6. Am Ende des Monats kannst du selten etwas sparen, aber das nächste Geld kommt ja bald.

Der Sparer: Du hast nie Sorgen mit deinem Taschengeld. Deine ...

c Lest eure Ergebnisse aus 3b. Wie findet ihr euer Testergebnis? Sprecht zu zweit.

Das Ergebnis passt genau. •
Es stimmt überhaupt nicht. •
Es passt nicht ganz. • Psychotests
sind Quatsch. • Psychotests
machen Spaß. • ...

Du bist Sparer?! Ich finde, dass es nicht zu dir passt. Ich meine, dass du ...

dass

Ich denke: Es passt genau.
Ich denke, **dass** es genau passt.

4 Flohmarkt in der Schule

a Hört die Gespräche auf dem Flohmarkt.
2.2–5 Über welche Gegenstände sprechen
die Jugendlichen?

*Im Hörtext 1
sprechen sie über
den Nintendo B.*

*Quatsch! Sie
reden über …*

1. der Nintendo

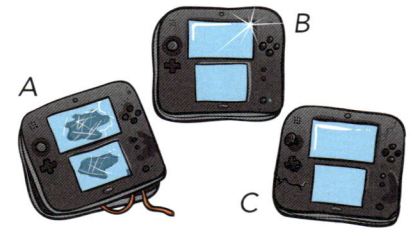

2. das Zelt

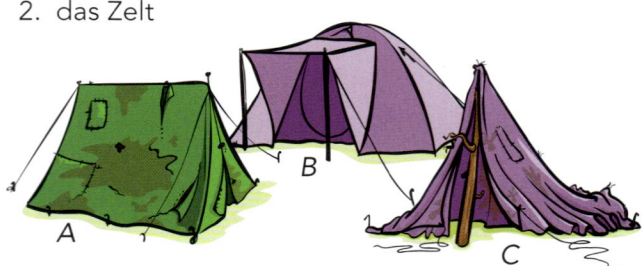

3. die Fußball-Trikots

4. das Foto

b Wählt ein Gespräch aus Aufgabe 4a. Spielt es nach. Der Merkzettel hilft euch.

- ● Hallo. Dieser/Dieses/Diese …
- ○ Aber der/das/die …
- ● Das ist kein Problem. …
- ○ Bist du sicher? / Meinst du wirklich? …
  Aber warum …?
- ● Das ist nicht schlimm. …
- ○ Tut mir leid. / Das ist nichts für mich. /
  Das kaufe ich bestimmt nicht. …
- ● Aber …
- ○ Tschüs.

dieser, dieses, diese		
	Nominativ	Akkusativ
der →	**dieser** Nintendo	**diesen** Nintendo
das →	**dieses** Zelt	**dieses** Zelt
die →	**diese** Farbe	**diese** Farbe
die →	**diese** Trikots	**diese** Trikots

c Sucht euch einen Gegenstand aus und schreibt zu zweit ein Gespräch wie in 4a.
Spielt es in der Klasse vor.

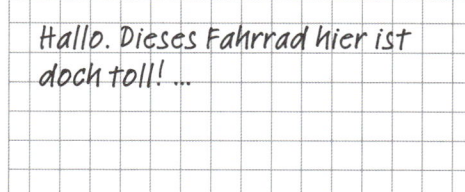

*Hallo. Dieses Fahrrad hier ist
doch toll! …*

das Fahrrad

die Handys

die Uhr

der Mantel

5 Alltagsdinge

a Diese Wörter kennt ihr noch nicht. Lest die Erklärungen.
Welches Bild passt?

der Pinsel
Mit einem Pinsel kann man Bilder malen.
Er hat Haare.
Er sieht fast so aus wie ein Stift.

die Gummistiefel
Mit Gummistiefeln geht man raus,
wenn es regnet.
Die Füße bleiben dann trocken.

b Jeder erklärt zwei Wörter aus dem Kasten wie in 5a. Schreibt die Erklärungen
ins Heft. Lasst das gesuchte Wort weg.

der Topf • der Flaschenöffner • der Füller • der Taschenrechner

das Sofa • die Mikrowelle • die Tastatur • die Flöte

das Tablett • das Moped • das Messer • die Briefmarken

Mit einem _____ kann man ...
Man braucht ihn für ...
Mit einer _____ kann ...

ein, eine im Dativ

der Füller → mit ein**em** Füller
das Tablett → mit ein**em** Tablett
die Tastatur → mit ein**er** Tastatur
die Gummistiefel → mit Gummistiefel**n**

c Das Dingsda-Spiel: Lest eure Erklärungen vor.
Sagt nicht das Wort. Die anderen raten.

> Mit einem Dingsda
> kann man …

6 (-)r- und -er

2.6

a Hört zu. Welches *r* hört ihr? Ordnet an der Tafel.

brauchen – **R**est – liebe**r** – fah**r**en – **r**eich –
hei**r**aten – Flaschenöffne**r** – spa**r**en – **r**ichtig –
ve**r**gessen – Autog**r**amm – eine**r** – T**r**ikot –
teue**r**

r wie in „richtig"	*r wie in „meiner"*
brauchen, ...	lieber, ...

b Sprecht die Wörter in der Tabelle nach. Sucht weitere Wörter.

2.7

c Hört zu und sprecht den Satz nach.
Wer kann ihn dreimal ohne Fehler sagen?

Auf dem Rasen rasen Ratten rascher,
rascher rasen Ratten auf dem Rasen.

d Wie spricht man *r* in eurer und in anderen Sprachen? Vergleicht.

9

7 Mein Lieblingsding

a Was denkt ihr? Wem gehört welches Lieblingsding? Hört zur Kontrolle.

2.8

Robbie

der Stift   die Jacke

Paul

die Flip-Flops

Pia

Plato

Frau Müller

das Kuscheltier

die Clownsnase   das Halsband

Oma und Opa

b Ergänzt die richtigen Wörter.

Ich denke, dass der Stift das Lieblingsding von … ist.

1. Ich laufe mit 🩴 durch die ganze Stadt.
2. Mit 🧥 ist mir nie kalt.
3. Er geht nur mit 🟤 mit den Glöckchen aus dem Haus.
4. Mit 🔴 kann man lustige Sachen machen.
5. Mit 🧸 kann ich super einschlafen.
6. Mit ✒️ in der Hand habe ich immer die besten Ideen.

> *1. Ich laufe mit meinen Flip-Flops durch die ganze Stadt.*

mein, sein, unser im Dativ
der → mit mein**em** Stift
das → mit sein**em**/unser**em** Lieblingsding
die → mit mein**er** Jacke
die → mit mein**en** Flip-Flops

8 Dein Lieblingsding

a Lest den Text aus der Zeitschrift und schreibt dann auch einen Text über euer Lieblingsding. Die Wörter unten helfen euch.

Wir haben gefragt: „Was ist dein Lieblingsding?"
Lest hier die Antworten. Schreibt uns auch über euer Lieblingsding mit Foto an: redaktion@foryou.de.

Mein Lieblingsding ist eine Kette. Sie erinnert mich an den letzten Sommer. Ich habe sie am Strand gefunden. Ich gehe nur noch mit meiner Kette aus dem Haus. Ich habe schon viele schöne Dinge mit meiner Kette gemacht, zum Beispiel gefeiert und getanzt. Ich glaube, dass sie mir Glück bringt.
Ronny, 17

> Mit meinem Lieblingsding gehe/mache/habe/schreibe ich … • Mein Lieblingsding ist/kann … • Mein Lieblingsding erinnert mich an … • Ich habe ihn/es/sie von … bekommen. / Ich habe ihn/es/sie in … gekauft. • Ich gehe nur mit meinem/meiner/meinen … aus dem Haus / ins Bett / in den Urlaub / in die Schule / …

b Hängt eure Texte in der Klasse auf. Die anderen raten: Von wem ist der Text?

Kannst du das schon?

Über Geld sprechen
– Am meisten Geld gebe ich für Handy und Computer / Süßigkeiten und Fast Food / … aus.
– Ich brauche nur wenig Geld für Musik und Ausgehen / Lesen / Kleidung und Kosmetik / …

Sätze mit *dass*
– Ich denke, dass es genau passt.
– Er findet, dass es nicht passt.
– Wir meinen, dass Psychotests Quatsch sind.

dieser, dieses, diese im Nominativ und Akkusativ
– Dieser Nintendo hier ist fast wie neu.
  Diesen Nintendo bekommst du für nur 20 Euro.
– Dieses Zelt ist toll.
  Dieses Zelt kann man nur verwenden, wenn es nicht regnet.
– Diese Uhr war sehr teuer.
  Ich finde diese Uhr schön.
– Diese Trikots sind nicht zu klein.
  Ich habe diese Trikots von echten Stars.

ein, eine im Dativ
– Mit einem Topf kann man kochen. Er steht in der Küche.
– Mit einem Tablett kann man viele Sachen tragen. Dann geht es schneller.
– Mit einer Flöte kann man Musik machen. Sie ist lang.
– Mit Briefmarken kann man Briefe senden. Man kauft sie bei der Post.

Lieblingsdinge beschreiben
– Mit meinem Lieblingsding gehe/mache/schreibe ich …
– Mein Lieblingsding ist/kann …
– Mein Lieblingsding erinnert mich an …
– Ich habe ihn/es/sie von … bekommen. / Ich habe ihn/es/sie in … gekauft.
– Ich gehe nur mit meinem/meiner/meinen … aus dem Haus / ins Bett / in den Urlaub / in die Schule / …

mein, dein, … im Dativ
– Mit meinem Stift habe ich die besten Ideen.
– Mit meinem Kuscheltier kann ich super einschlafen.
– Mit meiner Jacke ist mir nie kalt.
– Ich laufe mit meinen Flip-Flops durch die ganze Stadt.

– Hauptsache, es macht Spaß.
– Das ist nichts für mich.

Noch einmal, bitte

Über Geld sprechen
Wofür gebt ihr am meisten Geld aus? Wofür nur wenig? Macht zwei Sätze.

Sätze mit *dass*
Verbindet die Sätze:
Ich denke: Es passt genau.
Er findet: Es passt nicht.
Wir meinen: Psychotests sind Quatsch.

dieser, dieses, diese
Ihr wollt diese Dinge verkaufen. Beschreibt die Gegenstände:

ein, eine im Dativ
Erklärt die Wörter:

Lieblingsdinge beschreiben
Beschreibt euer Lieblingsding möglichst genau.

mein, dein, … im Dativ
Ergänzt die Sätze:
Mit … habe ich die besten Ideen. Mit … kann ich super einschlafen. Mit … ist mir nie kalt. Ich laufe mit … durch die ganze Stadt.

Hauptsache, es macht Spaß.

10

Wir lernen:
Zimmer/Orte beschreiben | Möbel | *legen, stellen, hängen, …* | Wünsche äußern: *hätte gern*
Wechselpräpositionen: *auf den Tisch stellen, auf dem Tisch stehen* | indirekte Fragen

So wohne ich

1 Koljas Sachen sind weg.

a Seht die Bilder an. Was sucht Kolja auf welchem Bild? Zwei Sachen passen nicht.

Ich glaube, auf Bild 1 sucht Kolja …

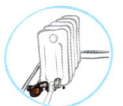
die Sonnen-brille

der Tennis-schläger

der Taschen-rechner

die Fußball-schuhe

die Jacke

die Zahn-spange

b Wohin haben Kolja und seine Familie die Sachen getan? Hört zu und erzählt in der Klasse.

2.9

Kolja hat	die Jacke	auf den Balkon gestellt.
Koljas kleiner Bruder Denis hat	die Fußballschuhe	unter das Bett gelegt.
Koljas Schwester Alina hat	den Taschenrechner	ins Müsli gelegt.
Koljas großer Bruder Boris hat	die Zahnspange	in den Rucksack gepackt.
Koljas Mutter hat	die Sonnenbrille	auf den Schrank gelegt.
	den Tennisschläger	hinter die Heizung getan.

2 Kolja räumt auf.

Was tut Kolja wohin? Sprecht in der Klasse.

Koljas Schwester Alina hat den Taschenrechner unter das Bett gelegt.

Wohin? – in, an, auf, unter, über, vor, hinter, neben, zwischen + Akkusativ

der Schrank → **an** den Schrank hängen
das Regal → **neben** das Regal stellen
die Dose → **in** die Dose tun
die Bücher → **zwischen** die Bücher legen

Kolja stellt die Schuhe vor den Schrank. Er hängt den Schal über den Tisch.

74 vierundsiebzig

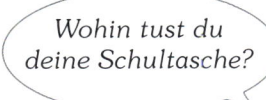

3 Ordnung zu Hause

Notiert zwei Dinge für die Freizeit und zwei Dinge für die Schule auf Zettel. Tauscht mit einem Partner eure Zettel und fragt euch gegenseitig: Wohin tut ihr die Dinge?

Wohin tust du deine Schultasche?

Ich stelle sie immer vor den Tisch. Und wohin legst du …?

4 Unordnung im Zimmer von Denis

2.10

a Hört das Gespräch. Wer hat Unordnung gemacht? Wer hat die CD genommen?

Das war …

Nein, das hat … gemacht.

Die CD hat …

b Was fragt Denis? Schreibt die Fragen ins Heft. Hört noch einmal zur Kontrolle.

1. Weißt du, 🐾 das war?
2. Weißt du, 🐾 meine Lieblings-CD ist?
3. Weißt du, 🐾 passiert ist?
4. Kannst du mir sagen, 🐾 Mama nach Hause kommt?
5. Weißt du, 🐾 mein Zimmer so durcheinander ist?

wo • warum • wann • wer • was

1. Weißt du, wer das war?

Indirekte Fragen

Wer (war) das? → Weißt du, **wer** das (war)?

 c Wie bildet man in eurer Sprache indirekte Fragen? Übersetzt die Fragen aus 4b in eure Sprache und vergleicht.

5 Kannst du uns sagen, …?

Spielt zu dritt. Jeder schreibt drei W-Fragen auf Zettel. Mischt dann eure Zettel. Der Erste zieht einen Zettel und liest die Frage vor. Der Zweite stellt die Frage noch einmal, aber indirekt. Der Dritte antwortet und zieht dann den nächsten Zettel.

Wie spät ist es?

Kannst du uns sagen, wie spät es ist?

Es ist jetzt …

6 Das neue Zimmer

a Tabeas Ferien in Portugal. Lest die E-Mail an ihre Mutter in Deutschland und beantwortet die Fragen.

Hallo Mama,
wie geht es dir ohne mich? ;-) Mir geht es sehr gut hier in Porto. Mit Papa und seiner Freundin Antonia verstehe ich mich super. Ich kann jeden Abend lange aufbleiben.
Du weißt ja, dass Papa eine neue Adresse hat. Weißt du, was toll ist? Das Haus ist größer als seine alte Wohnung, es hat einen Garten und ist ganz nah am Strand! Ich habe jetzt mein eigenes Zimmer hier. Papa hat schon ein paar Möbel gekauft. Das Bett steht links neben dem Fenster. Aber die Decke ist rosa! ☹ Vor dem Fenster steht ein Schreibtisch, aber kein Stuhl. Ein Teppich liegt auch auf dem Boden. Der Teppich ist hellblau!!! An den Wänden hängen Poster mit Pferden und an der Decke hängt eine rosa Lampe! Papa denkt, dass ich noch ein kleines Kind bin. Schrecklich! Ein Regal habe ich auch. Es ist rechts an der Wand.
Ich schicke dir ein Foto von mir und ein Foto von meinem Zimmer. So sieht mein Zimmer jetzt aus, aber vielleicht räume ich es um. Dann schicke ich dir ein neues Foto.
So, jetzt will ich aber endlich meinen Koffer ganz auspacken!
Liebe Grüße, auch von Papa, und bis bald
deine Tabea

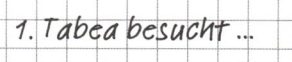

1. Wen besucht Tabea in Portugal?
2. Warum ist das neue Haus toll?
3. Welche Möbel hat Tabea schon?
4. Wie findet Tabea ihr Zimmer?
5. Warum will Tabea ein neues Foto schicken?

1. Tabea besucht ...

b Lest noch einmal die E-Mail. Welches Foto hat Tabea mitgeschickt?

c Wählt ein Zimmer aus 6b und beschreibt es im Heft.

Neben der Tür steht ein Bett. ...

> **Wo? – in, an, auf, unter, über, vor, hinter, neben, zwischen + Dativ**
>
> der Boden → **auf** dem Boden liegen
> das Fenster → **vor** dem Fenster stehen
> die Tür → **neben** der Tür sein
> die Wände → **an** den Wänden hängen

d Lest eure Beschreibungen in der Gruppe vor. Die anderen erraten das Zimmer.

7 Tabea räumt um.

a Hört das Gespräch. Was hat Tabea noch nicht? Was hätte sie gern für ihr Zimmer?

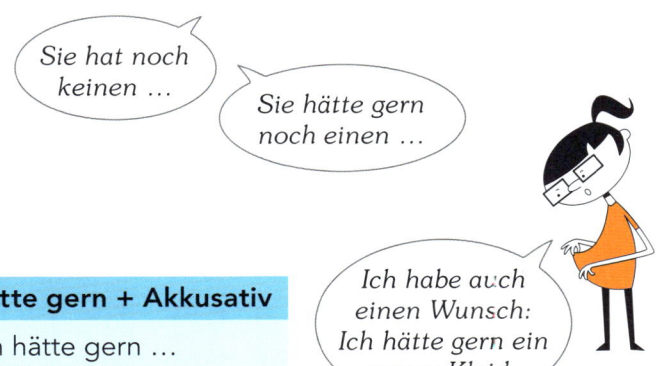

> Sie hat noch keinen …

> Sie hätte gern noch einen …

> Ich habe auch einen Wunsch: Ich hätte gern ein neues Kleid.

hätte gern + Akkusativ

Ich hätte gern …
Er/Sie hätte gern …

b Lest die Sätze und seht euch Tabeas Plan an. Wohin will Tabea die Sachen stellen? Korrigiert die Sätze. Hört dann noch einmal zur Kontrolle.

1. Tabea will den Koffer unter die Treppe stellen.
2. Sie will den Kleiderschrank hinter die Tür stellen.
3. Sie will den Stuhl auf den Tisch stellen.
4. Sie will eine Pflanze vor die Tür stellen.

> Sie will den Koffer unter das …
> Sie will …

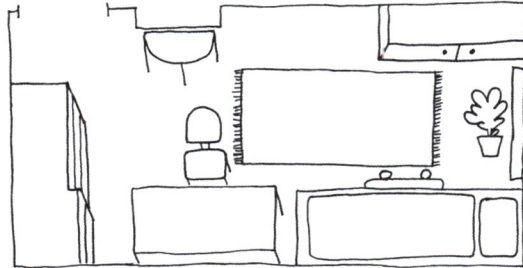

c Tabea hat ihr Zimmer umgeräumt. Wo sind die Sachen jetzt? Tabeas Plan hilft.

> der Koffer • der Kleiderschrank • der Stuhl •
> die Pflanze • der Tisch • das Regal • das Bett

> Der Koffer liegt jetzt unter dem …
> Der Kleiderschrank …

8 Projekt: Unser Traumzimmer

Wie sieht euer Traumzimmer aus? Wie groß ist es? Was gibt es dort? Zeichnet euer Traumzimmer oder macht eine Fotocollage. ● Schreibt einen Text über euer Traumzimmer. ● Hängt eure Bilder in der Klasse auf. Lest eure Texte vor. Die anderen suchen das passende Bild.

9 b oder w?

2.12

a Hört ihr *b* oder *w*? Macht eine Tabelle ins Heft und schreibt die Wörter in die richtige Spalte.

🐾ad 🐾ann 🐾ald 🐾ett 🐾arum 🐾alkon
🐾rauchen 🐾ohin ne🐾en 🐾ohnung ü🐾er 🐾rille
🐾and 🐾arten Far🐾e 🐾etter 🐾eide 🐾ichtig

b	w
Bad	

b Hört noch einmal und sprecht nach. Kontrolliert eure Tabelle.

2.13

c Hört die Sätze und sprecht nach.

Wir brauchen ein Bad in der Wohnung und einen Balkon. • Warum liegt die Brille neben dem Bett an der Wand? • Wisst ihr, warum die Bilder im Wohnzimmer wieder auf dem Boden liegen?

10 Schlüsselkinder

a Seht das Foto an. Was bedeutet *Schlüsselkinder*? Diskutiert in der Klasse und notiert eure Ideen an der Tafel.

> Ich glaube, dass die Kinder…

> Schlüsselkinder
> Die Kinder haben …
> Sie sind nach der Schule …

b Hört den ersten Teil vom Radiobeitrag. Was sind Schlüsselkinder? Vergleicht mit euren Ideen aus 10a.
2.14

c Hört jetzt das Interview. Was passt zu wem? Ordnet zu und schreibt Sätze ins Heft.
2.15

jetzt Freunde besuchen dürfen • Computer spielen und im Internet surfen wollen •
Eltern geschieden • laut und lange E-Gitarre spielen • fernsehen und lesen • Basketball spielen •
cool • langweilig • früher mit Katze spielen • nicht erlauben • Katze allein

Nils	Kerstin	Lilli
Seine Eltern sind geschieden. Er …		

11 Allein zu Hause

a Was könnt ihr nur machen, wenn ihr allein zu Hause seid? Sammelt zu zweit und diskutiert.

> Man kann ganz lange fernsehen.

> Ja, aber das ist auch langweilig.

b Allein sein: Sammelt Vorteile und Nachteile in der Klasse.

Vorteile	Nachteile
6 Stunden fernsehen	keine Witze erzählen

Kannst du das schon?

Im Zimmer
Möbel: das Bett | der Schrank | die Heizung | der Stuhl |
der Tisch | das Regal | der Teppich | die Lampe | das Sofa

die Wand | die Decke | der Boden

Wechselpräpositionen
an | auf | hinter | in | neben | unter | über | vor | zwischen

Wo? – Wechselpräpositionen mit Dativ
– Das Regal steht neben dem Bett.
– Die Heizung ist links an der Wand.
– Die Bücher liegen auf dem Schreibtisch.
– Die T-Shirts sind im Kleiderschrank.

Wohin? – Wechselpräpositionen mit Akkusativ
– Denis hat die CDs auf das Bett gelegt.
– Er hat die Schuhe unter das Bett gestellt.
– Er hat die Schultasche vor das Bett gestellt.

indirekte Fragen
– Weißt du, wo der Koffer ist?
– Wisst ihr, wohin Tabea die Pflanze stellt?
– Können Sie mir sagen, was die Sonnenbrille kostet?

Wünsche äußern
– Ich hätte gern einen Stuhl in meinem Zimmer.
– Ich hätte gern eine Pflanze für mein Zimmer.
– Ich hätte gern ein neues Kleid.
– Ich hätte gern Ferien.

– Siehste! Hab ich doch gesagt!
– Weißt du, was toll ist?
– Schrecklich!

Noch einmal, bitte

Im Zimmer
Was gibt es in eurem Zimmer? Macht eine Liste.

Wechselpräpositionen
Nennt die neun Wechselpräpositionen.
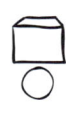

Wo?
Beschreibt euer Zimmer. Wo stehen, liegen oder hängen eure Sachen und Möbel? Schreibt vier Sätze.

Wohin?
Wohin hat Denis die Sachen getan?

indirekte Fragen
Fragt indirekt:
Wo ist der Koffer?
Wohin stellt Tabea die Pflanze?
Was kostet die Sonnenbrille?

Wünsche äußern
Was hättet ihr gern? Nennt drei oder vier Wünsche.

Siehste! Hab ich doch gesagt!

Wir lernen:
über Städte sprechen | Zahlen bis eine Million | Jahres-
zahlen | Formulare verstehen | einen Weg beschreiben
Modalverb *dürfen, nicht dürfen* | Adjektive im Dativ |
Sätze mit *denn*

Freizeit in der Stadt

1 Leben in Berlin

a Seht die Fotos und Schilder an und hört die Szenen. Welche Szene passt zu welchem Bild?

2.16

Szene 1 passt zu Bild …

b Was ist auf den Fotos? Wählt aus und sammelt an der Tafel. Nicht alles passt.

> das Museum • das Zentrum • die Kirche • das Café •
> das Verbotsschild • der Stadtpark • der Bahnhof • der Fluss •
> das Kaufhaus • der Platz • der Spielplatz • das Rathaus • der Zoo •
> die Brücke • das Schloss • die Fußgängerzone • der Fernsehturm

Bild 1: das Museum, …
Bild 2: …

 c Was darf man? Was darf man nicht? Schreibt fünf Sätze ins Heft.

Im Park Im Zoo Im Museum In der Kirche Auf dem Fernsehturm …	darf darfst dürfen dürft	ich du man wir ihr	laut sprechen. telefonieren. rauchen. essen. fotografieren. Fußball spielen. …

dürfen

ich darf	wir dürfen
du darfst	ihr dürft
er/sie darf	sie dürfen

Im Park (darf) man (telefonieren).

Hier darf ich nicht parken. Verboten!

> Im Park dürfen wir telefonieren.
> Im Museum darf man nicht fotografieren.

 d Wie heißen die Sätze in Aufgabe 1c in eurer Sprache und in anderen Sprachen? Wie sagt man dort *dürfen* und *nicht dürfen*?

2 Berlin – die alte und neue Hauptstadt

a Lest den Text. Was gibt es in Berlin?

Berlin hat heute über drei Millionen Einwohner und ist seit 1990 wieder die Hauptstadt von Deutschland. Berlin existiert seit 800 Jahren. 41 Jahre lang hat die Stadt zu zwei Ländern gehört: zur BRD und zur DDR. In dieser langen Zeit hatten die Einwohner aus beiden Ländern nur wenig Kontakt.
Die Stadt bietet viel: über 170 Museen, 1 700 Brücken, Sehenswürdigkeiten, Geschäfte, Cafés, Clubs usw. In den berühmten Museen kann man andere Kulturen kennenlernen, im schönen Zoo Tiere ansehen, im nahen Wannsee schwimmen, im eleganten und teuren KaDeWe (Kaufhaus des Westens) einkaufen, in den coolen Clubs tanzen. Fast acht Millionen Besucher kommen jedes Jahr nach Berlin, allein aus Europa über zwei Millionen und aus Amerika circa 400 000. Außerdem leben hier Menschen aus verschiedenen Kulturen zusammen. Und so ist Berlin heute eine bunte, internationale Metropole.

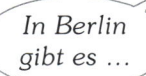

In Berlin gibt es …

b Welche Zahl ist das? Ordnet zu und schreibt zu jeder Zahl einen Satz.

41	neunzehnhundertneunzig
170	einundvierzig
800	vierhunderttausend
1700	acht Millionen
400 000	(ein)hundertsiebzig
8 000 000	achthundert
1990 (Jahreszahl)	(ein)tausendsiebenhundert

Zahlen und Jahreszahlen

200 – zweihundert
1000 – (ein)tausend
2000 – zweitausend
100 000 – hunderttausend
1 000 000 – eine Million
Jahreszahlen vor dem Jahr 2000
1995 – neunzehnhundertfünfundneunzig

41 – einundvierzig. Meine Mutter ist 41 Jahre alt.

c In jedem Satz sind zwei Informationen falsch. Korrigiert die Sätze und schreibt sie richtig ins Heft.

1. In den langweiligen Museen lernt man nichts.
2. Im hässlichen Zoo kann man Tiere kaufen.
3. Im fernen Wannsee darf man nicht schwimmen.
4. Im billigen KaDeWe kann man etwas verkaufen.
5. In den scheußlichen Clubs muss man stehen.

1. In den berühmten Museen lernt man andere Kulturen kennen.

Adjektive im Dativ (I)

im schön**en** Zoo
im elegant**en** Kaufhaus
in der lang**en** Zeit
in den berühmt**en** Museen

3 Projekt: Info-Flyer für Touristen

Welche Stadt in eurem Land möchtet ihr vorstellen? Arbeitet zu zweit und sucht Informationen zu eurer Stadt im Internet. Macht über eure Stadt einen Flyer für Touristen. Schreibt einen Text und verwendet auch Fotos.

Wo liegt die Stadt? Wie viele Einwohner gibt es? Wie alt ist die Stadt? Wer wohnt da? Was ist berühmt? Was kann man da machen? Was können Touristen sehen? …

4 Langeweile

a Seht das Foto an. Kennt ihr die Situation? Sprecht in der Klasse.

b Hört das Gespräch. Welche Orte nennt die Mutter? Macht Notizen. Wie findet ihr die Vorschläge?

Die Bücherei ist schon zu. Das ist kein guter Vorschlag.

c Hört den zweiten Teil vom Gespräch. Was will Peter machen? Warum muss die Mutter mitkommen?

5 Formular für die Kletterhalle ausfüllen

Füllt das Formular für Peters Mutter aus. Ordnet die Informationen zu.

> **Jetzt auch sonntags von 9–20 Uhr!**
>
> ### Kletterhalle „Gipfelstürmer"
> **Formular für Jugendliche**
>
> 1. Name der Mutter / des Vaters _____
>
> 2. Straße _____ 3. Hausnummer _____
>
> 4. Postleitzahl _____ 5. Ort _____
>
> 6. Telefonnummer _____ 7. E-Mail-Adresse _____
>
> Ich bin einverstanden, dass unsere Tochter / unser Sohn
>
> 8. Vorname _____ 9. Nachname _____
>
> 10. Geburtsdatum _____
>
> die Kletterhalle „Gipfelstürmer" benutzen darf. Mit meiner Unterschrift akzeptiere ich die Hallenordnung.
>
> 11. Datum _____ 12. Ort _____
>
> 13. Hier bitte unterschreiben: _____
>
> ausgewiesen durch ☐ Reisepass ☒ Personalausweis ☐ Führerschein

A 17.06.2017
B hoffeli@berlin.de
C 22.4.2004
D 42b
E Hoffmann

F Elisabeth Hoffmann
G Berlin
H Berlin
I 10117
J Tucholskytraße

K (030) 3389755
L *Elisabeth Hoffmann*
M Peter

1–F

6 Ohne Regeln geht es nicht.

a Die Regeln sind durcheinander. Sortiert die Sätze.

1. Die Kletterhalle darf man nur mit …
2. Kinder unter 14 Jahren müssen mit …
3. Alle Anfänger müssen zu …
4. Am besten klettert man mit …
5. Einen Mitgliedsausweis bekommt man nur mit …
6. Nur Profis dürfen an den Wänden im …

A einem aktuellen Foto.
B rechten Teil der Halle klettern.
C einer bequemen Hose.
D einem praktischen Kurs kommen.
E sauberen Schuhen betreten.
F einem erfahrenen Trainer klettern.

Die Kletterhalle darf man nur mit sauberen Schuhen betreten.

b Arbeitet zu zweit und notiert Regeln zu den Orten.

In die Bücherei darf man nur mit …
In die Bücherei darf man nicht mit …
Ins Schwimmbad darf man nur mit …
In den Fitnessclub darf man nur mit …
In ein Museum darf man nicht mit …

gültig – Ausweis
groß – Tasche
eigen – Handtuch
sauber – Schuhe
heiß – Getränke

Adjektive im Dativ haben immer „n" am Ende.

In die Bücherei darf man nur mit einem gültigen Ausweis.

Adjektive im Dativ (II)

ein**em** erfahren**en** Trainer
ein**em** aktuell**en** Foto
ein**er** bequem**en** Hose
sauber**en** Schuhe**n**

7 Ein kleiner Unterschied: m und n

2.19

a Hört die Wörter. Hört ihr n oder m am Ende? Zeigt auf eure Nase (n) oder euren Mund (m).

eine🐾   a🐾   i🐾   bunte🐾   elegante🐾   nahe🐾   berühmte🐾
beide🐾   a🐾   ferne🐾   billige🐾   i🐾   neue🐾   eine🐾

2.20

b Wo ist das? Hört die Orte und sprecht nach.

im neuen Flughafen
in den berühmten Museen

im schönen Zoo
auf einem großen Markt

c Lest die Sätze laut.

1. Nach München möchte Nils mit meinem neuen Moped fahren.
2. Im Sommer schwimmt Mona in einem nahen See.
3. Meine arme Tante Nadine trinkt gern teuren Wein.

8 Robbie ist fleißig.

a Seht das Bild an. Was passiert hier?
Welche Begründung ist richtig? Ratet in der Klasse.

Jugendzentrum
an der Autobahn
Tag der offenen Tür
Bist du dabei?

ab 14 Uhr Spiele, Sport und Disco

17 Uhr Zaubershow

18 Uhr Konzert „Wild Guitars"

21 Uhr Open-Air-Kino

1. Robbie arbeitet, denn er braucht Geld für eine neue Gitarre.
2. Robbie verteilt Zettel, denn er sucht ein Bandmitglied.
3. Robbie macht Werbung, denn er hat ein Konzert mit seiner Band.

 b Was machen Anton, Nadja und Pia? Warum? Ratet in Gruppen und schreibt Begründungen.

> möchte besser werden • will zu einer Freundin fahren • möchte hübsch aussehen • geht auf ein Konzert • sucht eine Straße • ist auf ein Fest eingeladen • plant eine Rundfahrt • hat einen Auftritt

Pia liest den Stadtplan, denn ...

denn

Anton übt jonglieren. **Warum?** Er hat einen Auftritt.

Anton übt jonglieren, **denn** er (hat) einen Auftritt.

9 Wie kommen wir zum Konzert?

 a Hört das Gespräch von Robbie und seinen Freunden. Was ist das Problem?

2.21

 b Seht den Plan an. Wo ist Robbies Konzert? Beschreibt den Weg richtig.

> geradeaus • links • rechts • nach … • an dem/der … vorbei • an … • vor … • an/vor der ersten/zweiten/letzten … • an der Ampel rechts

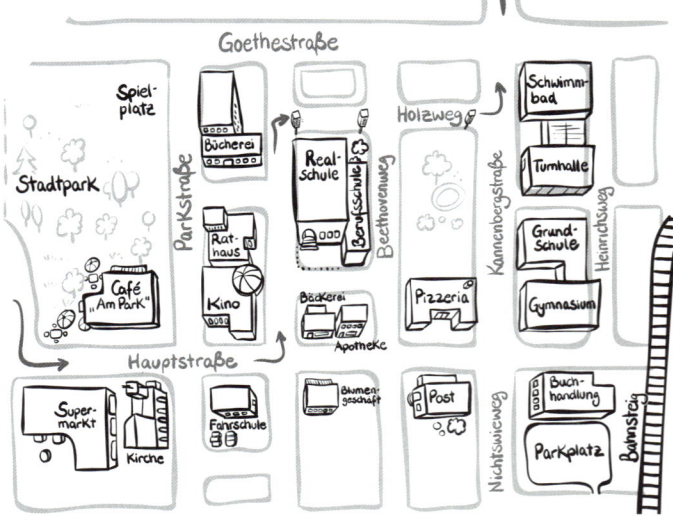

Kannst du das schon?

Orte in der Stadt
der Bahnhof | das Café | die Fußgängerzone | die Kirche | das Museum | der Platz | das Rathaus | der Zoo

Modalverb *dürfen, nicht dürfen*
Hier darf man nicht essen und trinken.
Hier darf man nicht fotografieren.
Hier darf ich Rad fahren.

über Städte sprechen
Berlin hat über drei Millionen Einwohner.
Berlin ist 800 Jahre alt.
In Berlin gibt es viele Museen und Sehenswürdigkeiten.
In Berlin ist der Alexanderplatz berühmt.
Man kann in Berlin gut einkaufen.

Zahlen bis eine Million
achthundertsiebenundsechzig, siebentausendvierhundert, sechstausenddreihundertachtundzwanzig, elftausend, fünfhundertdreißigtausend

Jahreszahlen
1965 – neunzehnhundertfünfundsechzig
2004 – zweitausendvier
2017 – zweitausendsiebzehn

Adjektive im Dativ (I) mit dem bestimmten Artikel
Im schönen Zoo kann man viele Tiere sehen.
Im teuren Kaufhaus gibt es Dinge aus der ganzen Welt.
In der großen Stadt ist immer etwas los.
In den berühmten Museen sind viele Touristen.

Adjektive im Dativ (II) mit dem unbestimmten Artikel
Mit einem erfahrenen Trainer lernt man schneller klettern.
Mit einem aktuellen Foto bekommt man einen Ausweis.
Mit einer bequemen Hose kann man gut klettern.
Mit sauberen Schuhen darf man die Kletterhalle betreten.

Sätze mit *denn*
Robbie arbeitet, denn er braucht Geld.

Oh ne!
Oh Mann!
Ich habe keine Lust!
Versprochen!

Noch einmal, bitte

Orte in der Stadt
Nennt fünf Orte in einer Stadt.

Modalverb *dürfen, nicht dürfen*
Was darf man hier, was darf man nicht?

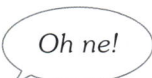

über Städte sprechen
Beschreibt die Hauptstadt in eurem Land: Wie viele Einwohner? Wie alt? Was gibt es dort? Was ist berühmt? Was kann man machen?

Zahlen bis eine Million
Lest die Zahlen laut:
867, 7400, 6328, 11000, 530000

Jahreszahlen
Wann ist deine Mutter / dein Vater geboren? Wann bist du geboren? Welches Jahr ist jetzt?

Adjektive im Dativ (I)
Ergänzt das Adjektiv:
im Zoo (schön)
im Kaufhaus (teuer)
in der Stadt (groß)
in den Museen (berühmt)

Adjektive im Dativ (II)
Wie heißt das Adjektiv?
mit einem erfahren__ Trainer
mit einem aktuell__ Foto
mit einer bequem__ Hose
mit sauber__ Schuhen

Sätze mit *denn*
Verbindet die Sätze:
Robbie arbeitet. Er braucht Geld.

Oh ne!

12

Wir lernen:
Aktivitäten in der Natur | Wetter | Gefühle ausdrücken |
Vorlieben und Abneigungen ausdrücken | Nachrichten
verstehen | eine Geschichte schreiben
sondern | *deshalb/darum, trotzdem* | Vergleichssätze
mit *als* und *wie*

Raus in die Natur

1 Hinaus aus der Stadt

a Was glaubt ihr: Was wollen die Personen machen? Sammelt in der Klasse.

> *Der Junge mit
> der Trompete …*

b Hört die Interviews. Was haben die Jugendlichen wirklich vor?

2.22

> *Ein Mädchen
> hat viele Karotten
> und will …*

2 In der Natur unterwegs

a Was passt zu den Personen? Ordnet den Personen Ausdrücke zu.

> angeln • ein Picknick machen • faulenzen • einen Ausflug machen •
> im Verein Fußball spielen • im See schwimmen • im Wald spielen • klettern •
> Mountainbike fahren • Beeren sammeln • reiten • einen Spaziergang machen •
> wandern • am Wasser spielen • sich sonnen • auf der Wiese liegen

1  2  3  4

Herr König	Lea und Elias	Stefan und Dominik	Frau Bürger
einen Ausflug machen			

b Erfindet Sätze. Schreibt ins Heft.

> *Herr König reitet nicht, sondern geht spazieren.*
> *Lea und Elias sonnen sich nicht, …*

sondern

Herr König klettert nicht. Er macht
einen Ausflug.
Herr König klettert **nicht,
sondern** (er) macht einen Ausflug.

3 Tabeas Hobby

a Seht die Fotos an. Was macht Tabea? Was ist passiert? Beschreibt zu zweit.

> Tabea arbeitet im Stall.

allein reiten

der Stall

das Pferd

der Sattel

fallen

b Welche Sätze passen zusammen? Schreibt ins Heft.

1. Tabea liebt Pferde,
2. Reiten ist teuer,
3. Die Arbeit im Stall ist anstrengend,
4. Tabea kann schon sehr gut reiten,
5. Sie ist einmal vom Pferd gefallen,

A trotzdem macht sie das gern.
B darum darf sie auch allein reiten.
C deshalb ist Reiten ihr großes Hobby.
D trotzdem hat sie keine Angst.
E deshalb jobbt sie auf dem Reiterhof.

> Tabea liebt
> Pferde,
> deshalb ...

4 Oh je!

a Schreibt Sätze zu den Bildern. Verwendet *deshalb* oder *trotzdem*.

> Es regnet.
> Deshalb bleibe
> ich zu Hause.
> Trotzdem gehe
> ich ...

b Schreibt die Sätze aus 4a auch in eurer Sprache. Schreibt die Sätze untereinander und vergleicht.

deshalb/darum – trotzdem

Es regnet, **deshalb** bleibe ich zu Hause.
Mein Knie ist verletzt. **Darum** mache ich keinen Sport.
Es regnet. **Trotzdem** gehe ich raus.

5 Projekt: Eine Fotostory über mein Hobby

Macht eine kleine Fotostory wie in Aufgabe 3a über euer Hobby. Wählt anschließend wichtige Wörter aus und präsentiert euer Hobby mit der Fotostory in der Klasse. Schreibt die wichtigen Wörter an die Tafel. Ihr könnt auch in Gruppen arbeiten.

6 Feriencamps

a Lest die Texte. Was kann man wo machen? Ergänzt die Tabelle im Heft.

Nirgends ist das Meer so nah – Gästehaus auf der Insel Neuwerk

Einmal etwas ganz anderes: eine kleine Insel im Meer, in einer gesunden Umwelt, nur 40 Menschen leben hier. Du kannst Vögel beobachten, Muscheln sammeln oder rund um die Insel wandern (Dauer: ca. 1 Stunde). Und du kannst lernen, wie man die Umwelt schützt. Hier hat man das Gefühl, man lebt im Meer und nicht nur am Meer. Natürlich gibt es einen schönen und großen Strand zum Schwimmen und einen kleinen Ballspielplatz.

Eine Woche fast nur draußen sein – Jugenddorf in der Sächsischen Schweiz

Wollt ihr zu einer dunklen Höhle wandern, die Welt unter der Erde entdecken? Wollt ihr in einer wunderschönen Landschaft grillen und am Lagerfeuer sitzen, mit Geschichten und Musik? Wollt ihr eine Woche (fast) nur draußen sein?

In unserem Dorf gibt es Sportplätze für Fußball, Volleyball und Tischtennis. Oder lieber klettern? Ein Schwimmbad ist auch in der Nähe. Es gibt viele Möglichkeiten bei jedem Wetter: Zum Beispiel kann man Dresden besichtigen.

auf der Insel Neuwerk	in der Sächsischen Schweiz
Vögel beobachten, …	

b Welche Aussagen sind richtig, welche falsch? Schreibt ins Heft.

1. In der Sächsischen Schweiz kann man nicht so gut schwimmen wie auf der Insel Neuwerk.
2. Auf der Insel Neuwerk kann man länger wandern als in der Sächsischen Schweiz.
3. Auf Neuwerk kann man genauso gut grillen wie im Jugenddorf in der Sächsischen Schweiz.
4. Im Jugenddorf kann man besser Ball spielen als auf der Insel Neuwerk.

1. richtig

7 Ich in den Ferien

a Was macht ihr gern, was lieber? Ergänzt die Sätze im Heft.

Ich mag … (genau)so / nicht so gern wie …
Ich finde … (genau)so / nicht so gut wie …
… macht mir mehr/weniger Spaß als …
Ich finde … besser/schlechter als …

Vergleichssätze mit wie und als

Ich mag die Berge (genau)**so** gern **wie** das Meer.
Ich finde Sport nicht **so** gut **wie** Faulenzen.

Schwimmen macht mir **mehr** Spaß **als** Wandern.
Ich finde Grillen **besser als** Picknick.

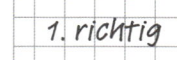

b Schreibt die Sätze aus dem Grammatikkasten in 7a in eurer Sprache und vergleicht: Was ist gleich, was ist anders?

c Schreibt drei Aktivitäten im Freien auf je einen Zettel. Sammelt die Zettel ein und mischt sie. Jeder zieht drei Zettel. Sucht einen Partner. Macht Vergleiche.

Muscheln sammeln

wandern

Ich finde Muscheln sammeln genauso blöd wie wandern. Und du?

8 Eine Nacht im Zelt

a Wie ist das Wetter? Ordnet die Wetter-Ausdrücke zu und beschreibt die Bilder.

Das Wetter ist schön.

Ein Gewitter kommt.

Das Wetter wird schlecht.

Die Sonne scheint.

Es blitzt und donnert.

Es gibt starken Wind.

Es gibt ein paar
Wolken am Himmel.

Es regnet.

b Erzählt die Geschichte. Die Ausdrücke helfen.

> Das Wetter ist schön.
> Die Freunde wollen an
> einem See campen.

> am Lagerfeuer sitzen • an einem See campen • zusammen die Zelte
> aufstellen • große Rucksäcke tragen • im Zelt schlafen • Würstchen grillen •
> über eine Wiese laufen • schwimmen • Angst haben • zufrieden sein

9 Szenen

a Welche Ausdrücke passen zu welchem Gesicht? Schreibt ins Heft.

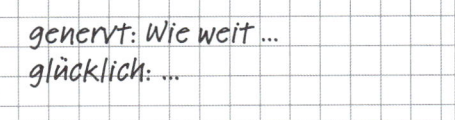
genervt: Wie weit ...
glücklich: ...

genervt   glücklich   ängstlich

> Wie weit ist es noch? • Mensch, ist das super! • Ich hab Angst! • So ein herrlicher Tag! •
> Uh, ist das unheimlich! • So ein Blödsinn! • Ich mag nicht mehr! • Das ist ja schrecklich! •
> Ist das toll hier! • Hilfe! • Der Rucksack ist so schwer. • Kannst du mir nicht helfen? •
> Ich fürchte mich so! • Echt cool!

**b Wählt zu zweit oder zu dritt eine Szene aus der Geschichte. Schreibt ein Gespräch.
Übt die Szene und spielt sie vor.**

10 Am Tag danach

a Lest die Nachrichten und hört das Telefongespräch. Welche Nachricht hat Nadja geschrieben?

2.23

1
> Hallo! Super Nacht!!!
> Ein Riesengewitter, total aufregend! Die anderen hatten wahnsinnig Angst, ich bin cool geblieben. Alles war nass. Heute ist wieder super Wetter. ☺

2
> hi! voll krass gestern!!! das war ein wildes gewitter in der nacht. ich hatte auch ein bisschen angst! zum glück ist paps gekommen und bei uns geblieben.

3
> Bin fix und fertig! Riesengewitter in der Nacht, die Zelte waren total nass. Hatte sooo Angst! Wir sind in der Nacht zum Parkplatz gelaufen, Papa hat uns alle geholt. Ich bin heute total k.o.!

> Ich bin total k.o.!

b Hört das Telefongespräch noch einmal. Welche Aussage passt: A oder B?

1. A Die Nacht gestern war sehr schön.   B Der Abend gestern war sehr schön.
2. A Wir haben am Feuer gegrillt.   B Wir konnten nicht grillen, weil es geregnet hat.
3. A Es war noch hell, da ist ein Gewitter gekommen.   B In der Nacht ist ein Gewitter gekommen.
4. A Ich habe mich sehr gefürchtet.   B Alle haben sich gefürchtet, nur ich nicht.
5. A Ich habe meinen Papa angerufen.   B Papa hat mich angerufen.

> 1B;

11 Was habt ihr draußen erlebt?

 Macht Notizen. Schreibt eine Geschichte. Verwendet verschiedene Satzanfänge.

> dann • danach • plötzlich • später • am Schluss / schließlich

> *sonnig, allein zu Hause*

> *Das Wetter war sonnig, es war ein wunderbarer Tag. Ich war allein ...*

12 Wortakzent

 a Hört die Wörter. Schreibt sie ins Heft.

2.24

> *1. freundlich*

b Hört noch einmal. Markiert den Wortakzent und sprecht leise nach. Sprecht dann laut im Chor.

> *1. freundlich*

2.25 **c** Wo ist der Wortakzent? Lest laut. Klopft zu jeder Silbe, klopft beim Wortakzent stärker. Hört zur Kontrolle.

1. der Freund – freundlich – unfreundlich
2. das Glück – glücklich – unglücklich
3. das Interesse – interessant – uninteressant
4. die Ruhe – ruhig – unruhig

Kannst du das schon?

Aktivitäten in der Natur
– in den Bergen: klettern | wandern | Mountainbike fahren …
– am Wasser: schwimmen | angeln | segeln | sich sonnen …
– im Wald und auf der Wiese: Picknick machen | grillen | Tiere beobachten | faulenzen | …

Sätze mit *sondern*
– Ich will nicht wandern, sondern faulenzen.
– Das Feriencamp war nicht cool, sondern (es war) langweilig.
– Herr König macht heute keinen Ausflug, sondern bleibt zu Hause.

deshalb/darum, trotzdem
– Das Wetter ist schön. Deshalb fahre ich an den See.
– Ein Gewitter ist gekommen. Trotzdem habe ich draußen im Zelt geschlafen.
– Es regnet. Darum bleibe ich zu Hause.

Vorlieben und Abneigungen mit *als* und *wie* ausdrücken
– Wandern ist blöder als Mountainbike fahren.
– Klettern im Freien macht mehr Spaß als in der Halle.
– Grillen mag ich genauso gern wie Picknick machen.
– Segeln finde ich nicht so langweilig wie Angeln.

Eine Geschichte erzählen oder schreiben
Wir sind zu einem See gefahren. Wir sind geschwommen und dann haben wir gefaulenzt. Danach haben wir ein Lagerfeuer gemacht. Aber das war verboten. Plötzlich ist die Polizei gekommen und hat unsere Eltern angerufen. Schließlich …

Gefühle ausdrücken
– Ich hab Angst! / Hilfe! / Es ist so unheimlich! / Das ist ja schrecklich! / Ich fürchte mich so!
– Mensch, ist das super! / Ist das toll hier! / So ein herrlicher Tag! / Echt cool!
– Kannst du mir nicht helfen? / Wie weit ist es noch? / So ein Blödsinn! / Ich mag nicht mehr!

Ich mag nicht mehr!
So ein Blödsinn!
Ich hab Angst!
He, bleib cool!
Ich bin total k.o.!

Noch einmal, bitte

Aktivitäten in der Natur
Was kann man im Freien machen? Notiert je zwei Aktivitäten in den Bergen, am Wasser, im Wald und auf der Wiese.

Sätze mit *sondern*
Macht Sätze mit *sondern*: *Ich will nicht wandern. Ich will faulenzen. / Das Feriencamp war nicht cool. Es war langweilig. / Herr König macht heute keinen Ausflug. Er bleibt zu Hause.*

deshalb/darum, trotzdem
Macht passende Sätze:

 *Ich fahre an den See.*

 Ich habe draußen im Zelt geschlafen.

Ich bleibe zu Hause.

Vorlieben und Abneigungen mit *als* und *wie* ausdrücken
Vergleicht Aktivitäten in der Natur. Was findet ihr besser als …? Was findet ihr genauso gut wie …?

Eine Geschichte erzählen oder schreiben
Was habt ihr schon in der Natur erlebt? Schreibt eine Geschichte mit fünf Sätzen. Verwendet *dann, plötzlich, danach, schließlich, später.*

Gefühle ausdrücken
Was kann man sagen, wenn …
… man Angst hat?
… es sehr schön ist?
… etwas nervt?

Ich mag nicht mehr!

Grammatikübersicht

Wünsche äußern: *hätte gern* + Akkusativ

		Akkusativ
Hast du einen Wunsch?	Ich **hätte gern**	ein**e** neu**e** Hose.
Mir ist langweilig.	Ich **hätte gern**	ein spannend**es** Buch.

Modalverb: dürfen

	dürfen
ich	**darf**
du	**darfst**
er/es/sie	**darf**
wir	dürf**en**
ihr	dürf**t**
sie/Sie	dürf**en**

	Position 2		**Satzende**
Im Kino	darf	man Popcorn	essen.
Im Theater	darf	man nicht	essen.

Konjunktionen: *deshalb/darum, trotzdem*

deshalb/darum	Das Wetter ist schlecht. Ich bleibe zu Hause. → Das Wetter ist schlecht, **Deshalb** bleibe ich zu Hause. → Das Wetter ist schlecht, **darum** bleibe ich zu Hause.
trotzdem	Ich habe keine Lust. Ich muss lernen. → Ich habe keine Lust, **trotzdem** muss ich lernen.

Konjunktion: *sondern*

sondern	Ich lerne nicht. Ich höre Musik. → Ich lerne **nicht, sondern** ich höre Musik. Ich sammle keine Pilze. Ich sammle Beeren. → Ich sammle **keine** Pilze, **sondern** Beeren.

Sätze mit *denn*

Robbie arbeitet.	Warum?	Er braucht Geld.
Robbie arbeitet,	**denn**	er braucht Geld.

Nebensätze mit *dass*

				Satzende
Ich denke: Die Musik ist toll.	→ Ich denke,	**dass**	die Musik toll	ist.
Ich finde: Der Rock passt zu dir.	→ Ich finde,	**dass**	der Rock zu dir	passt.

Indirekte Fragen

				Satzende
Sag mir: Wo war das?	→ Sag mir,	**wo**	das	war.
Weißt du: Wer hat meine CD genommen?	→ Weißt du,	**wer**	meine CD genommen	hat?

Unbestimmte Artikel und Possessivartikel im Dativ

einem, einer   *meinem, meiner*

	Dativ			
der	einem	Mit einem Topf koche ich.	meinem	Mit meinem Topf koche ich.
das	einem	Mit einem Handy telefoniert man.	deinem	Mit deinem Handy telefonierst du.
die	einer	Mit einer Uhr ist man pünktlich.	seiner/ihrer	Mit seiner/ihrer Uhr ist er/sie pünktlich.
die	–	Ich feiere mit Freunden.	ihren	Sie feiert mit ihren Freunden.

Adjektive im Dativ

	Dativ	
der	dem, einem, keinem, meinem …	Im großen See vor der Stadt schwimme ich jeden Samstag mit meinem besten Freund.
das	dem, einem, keinem, meinem …	Ich möchte in keinem teuren Geschäft einkaufen. Ich kaufe lieber im billigen Kaufhaus ein.
die	der, einer, keiner, meiner …	Mit einer bequemen Hose kann man in der großen Halle am besten klettern.
die	den, –, keinen, meinen	Mit meinen kleinen Schwestern ist es bei schrecklichen Familienfeiern nie langweilig.

Wechselpräpositionen mit Akkusativ oder Dativ

Präposition	Akkusativ: Wohin?	Dativ: Wo?
auf	Ich lege das Kissen **auf** den Stuhl.	Ich sitze **auf** dem Stuhl.
in	Ich hänge die Jacke **in** den Schrank.	Die Jacke hängt **im** Schrank.
unter	Ich werfe den Ball **unter** den Tisch.	Der Ball bleibt **unter** dem Tisch.
neben	Ich stelle die Pflanze **neben** das Bett.	Die Pflanze steht **neben** dem Bett.
über	Das Flugzeug fliegt **über** das Haus.	Die Sonne steht **über** dem Haus.
hinter	Ich werfe die Brille **hinter** die Heizung.	Die Brille liegt **hinter** der Heizung.
vor	Ich bringe die Zeitung **vor** die Tür.	Die Zeitung ist **vor** der Tür.
an	Ich klebe Poster **an** die Wände.	Poster hängen **an** den Wänden.
zwischen	Ich lege das Buch **zwischen** die CDs.	Das Buch liegt **zwischen** den CDs.

dieser, dieses, diese im Nominativ und Akkusativ

	Nominativ	Akkusativ
der	Dieser Pinsel ist ganz neu.	Ich schenke dir diesen Pinsel.
das	Dieses Handy sieht gut aus.	Ich liebe dieses Handy.
die	Diese Brille ist sehr modern.	Ich möchte diese Brille haben.
die	Diese Gummistiefel waren billig.	Ich mag diese Gummistiefel.

Fertigkeitstraining: Sprechen

1 **Ein Superstar stellt sich vor.**

a Wollt ihr in den Star-Club? Dann braucht ihr einen Club-Ausweis. Schreibt auf eine Karte einen Star- oder Fantasie-Namen, euer Star-Alter und eure Star-Adresse.

Star-Club-Ausweis

Name: *Diane Kerber*
Geburtstag: *22.11.1999*
Wohnort: *Logischland*
Adresse: *Basketballstraße 112*
1345 Filmstadt
Hobbys: *Tennis spielen, Theater spielen, kochen*
Freunde: *Cro, Usain Bolt*

D. Kerber
Unterschrift

b Sammelt alle Ausweise ein und mischt sie. Jeder bekommt einen neuen Star-Ausweis. Wem gehört der Ausweis?
Sammelt zuerst mögliche Fragen und Antworten an der Tafel.

Fragen:
– Wo wohnst du?
– Wie alt ...?
– Bist du Diane Kerber?

Antworten:
– Ich wohne in ...
– Ich ...
– Ja, ich bin ... / Nein, ich bin nicht ...

c Geht herum und sucht zu jedem Ausweis die richtige Schülerin oder den richtigen Schüler mit den Fragen und Antworten aus 1b.

d Hat jeder den richtigen Ausweis? Setzt euch wieder auf euren Platz und stellt euch dem Partner neben euch vor.

Ich heiße Justin Swift. Ich bin 33 Jahre alt. Ich wohne in Los Angeles. ...

Ich heiße Taylor Perry. ...

2 Viele Fragen – eure Antworten.

a Arbeite mit einem Partner / einer Partnerin. Ergänzt die Fragewörter. Schreibt die Fragen ins Heft und antwortet auf jede Frage mit zwei bis drei Sätzen.

1. 🐾 ist dein Lieblingsfach? Warum?
2. 🐾 Projekt an der Schule hat dir gut gefallen?
3. 🐾 habt ihr Deutschunterricht?
4. 🐾 warst du in den Ferien?
5. 🐾 Band findest du toll?

> Was ist dein Lieblingsfach? Warum?

> Also ich habe zwei Lieblingsfächer, Deutsch und Englisch. Ich mag Sprachen sehr gern und …

b Arbeitet mit einem Partner / einer Partnerin. Notiert zu jedem Thema mindestens zwei W-Fragen.

Wohnen | Geburtstag | Hobby | Einkaufen | Freunde

c Sucht einen neuen Partner / eine neue Partnerin. Fragt und beantwortet die Fragen.

> Macht euch für typische Themen und Situationen Mini-Glossare mit wichtigen Wörtern, Fragen und Antworten. Lernt die Wörter und Sätze auswendig. So seid ihr fit für den Test.

3 Über ein Thema sprechen.

a Arbeitet in Kleingruppen. Wählt zwei Themen aus Aufgabe 2b und macht zusammen zu jedem Thema eine Mindmap. Welche Wörter passen zu den Themen?

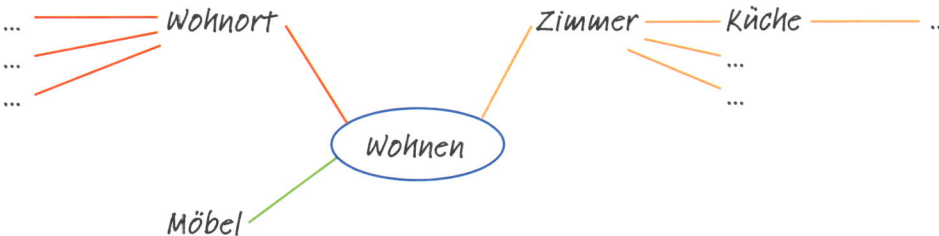

… — Wohnort
…
…
Zimmer — Küche — …
…
…
Wohnen
Möbel

b Wähle ein Thema und erzähle in der Klasse eine Minute über dein Thema.

> Ich wohne mit meiner Familie in einer Wohnung im Zentrum. Wir haben vier Zimmer. Ich habe leider kein eigenes Zimmer, denn ich wohne zusammen mit meinem kleinen Bruder in einem Zimmer …

Am größten, am höchsten, ...

4 **Superlative in Deutschland, Österreich und der Schweiz**

a Seht die Karte und die Fotos an. Was kennt ihr? Was ist besonders auf den Fotos?

b Lest die Texte. Welcher Text passt zu welchem Foto?

N o r d s e e

J Die Kirche mit dem höchsten Turm der Welt steht in Ulm: Der Turm vom Ulmer Münster ist 161,52 Meter hoch. Wenn man auf den Turm möchte, muss man 768 Stufen steigen.

I Die Mühlenkopfschanze bei Willingen gehört zu den größten Skischanzen von Deutschland. Sie ist 145 m hoch. Janne Ahonen (2005) und Jurij Tepes (2014) sind dort bis jetzt am weitesten gesprungen: 152 m.

H Die kleinste bewohnte Insel in Deutschland ist Südfall. Auf der Insel steht ein Haus und hier wohnen zwei Personen. Sie liegt in der Nordsee und ist 0,56 km² groß.

G Den Tiergarten Schönbrunn in Wien gibt es schon seit 1752: Er ist der älteste Zoo der Welt. Seit Ende des 20. Jahrhunderts ist der Zoo auch einer der modernsten und beliebtesten Zoos der Welt.

F Skifahrer und Boarder können an diesem Berg zeigen, was sie können. „Harakiri" heißt Österreichs steilste Skiabfahrt. Sie ist in Mayrhofen und hat ein Gefälle von durchschnittlich 78 Prozent.

D E U T S C H L A N D

S C H W E I Z

Luzern

Gotthard-Scheiteltunnel

Gotthard-Basistunnel

Schweiz

Ceneri-Basistunnel

Lugano

Italien

Chiasso

Ostsee

A Die längste Holzbrücke Europas ist in Ronneburg in Thüringen. Sie ist 225 m lang und die Leute nennen sie „Drachenschwanz".

B In Werfen südlich von Salzburg gibt es eine eiskalte Attraktion: die Eisriesenwelt. Das ist die größte Eishöhle der Welt. Insgesamt ist die Höhle über 40 Kilometer lang und 100 Millionen Jahre alt.

C In Europa gibt es viele Wasserfontänen, aber die Wasserfontäne im Genfer See ist am höchsten. Sie ist 140 m hoch. Schon seit 1891 schießt hier das Wasser in die Höhe.

D Seit Ende 2016 fahren Züge durch den längsten Tunnel der Welt, den Gotthard-Basistunnel in der Schweiz. Er ist 57 km lang. Mit allen Nebentunneln hat er eine Tunnelstrecke von insgesamt 152 km.

E Insgesamt 4 Kilometer lang ist die längste Brücke in Deutschland. Sie verbindet die Stadt Stralsund mit der Ostseeinsel Rügen.

c Macht zu viert ein Superlativ-Quiz. Notiert acht Fragen auf acht Karten. Tauscht die Karten mit einer anderen Gruppe. Legt alle Karten in die Mitte (Schrift nach unten). Einer/Eine nimmt eine Karte und liest vor. Wisst ihr die Antwort ohne Buch? Die Gruppe mit den meisten richtigen Antworten hat gewonnen.

RREI

Welche bewohnte Insel in Deutschland ist am kleinsten?

Wie alt ist der Tiergarten Schönbrunn?

d Welche Attraktionen gibt es in eurem Land? Recherchiert im Internet und stellt eure Ergebnisse vor.

Cool und fit?

1 Robbie früher und jetzt

Ordnet die Wörter den Bildern zu und beschreibt Robbie. Wie gefällt euch Robbie besser?

> die Rastalocken • die Hose •
> die Sonnenbrille • cool •
> toll • komisch • blöd •
> peinlich • (zu) lang • kaputt •
> (zu) weit • (zu) kurz • …

> *Früher hatte Robbie kurze Haare.*

> *Jetzt hat Robbie Rastalocken.*

2 Der Streit

2.26

a Seht das Bild an. Warum streiten Nadja und Robbie? Was denkt ihr? Hört und vergleicht mit euren Vermutungen.

> *Ich glaube, Nadja mag Robbies Frisur nicht.*

> *Robbie findet sicher, dass Nadja …*

b Was sagen Robbie und Nadja? Hört noch einmal und ordnet die Ausdrücke in die Tabelle.

> Frisur scheußlich • seit Wochen nicht kämmen •
> unnatürlich aussehen • Fingernägel lila • geschminkt •
> uncool • hässliche Kleidung tragen •
> teure Markenkleidung • hinter dem Mond leben

Nadja über Robbie	Robbie über Nadja
Frisur scheußlich	Fingernägel lila

c Spielt den Streit zu zweit. Einer ist Nadja, einer ist Robbie.

> *Du hast eine scheußliche Frisur.*

> *Und deine Fingernägel …*

3 Robbies Brief

a Lest Robbies Brief. Wer ist Herr Dr. Rainer Winter? Was möchte Robbie von ihm?

Lieber Herr Dr. Winter,
ich habe ein großes Problem! In meiner Schulband habe ich früher Rock gespielt und alle haben
uns geliebt. Aber jetzt finde ich Reggae total cool, außerdem sind meine neuen Freunde auch
Reggae-Fans. Deshalb spiele ich jetzt Reggae, aber meine alten Freunde mögen die Musik nicht.
Am schlimmsten ist meine Freundin, denn sie findet meine Musik unerträglich und meine
Frisur hässlich. Außerdem mag sie meine Klamotten nicht. Deshalb hatten wir gestern einen
Streit. Ich glaube, ich habe blöde Sachen zu ihr gesagt, darum ist sie sauer. Aber ich mag es
auch nicht, wenn sie ihr Gesicht so schminkt. Das sieht nicht natürlich aus. Und sie trägt nur
Markenklamotten und zu viel Schmuck. Ich habe ihr das alles erklärt, trotzdem versteht sie
mich nicht. Im Gegenteil, sie sagt, ich lebe hinter dem Mond. Was kann ich nur machen? Haben
Sie einen Rat oder kann man da nichts machen?
Robbie

Unser Psychologe
Dr. Rainer Winter

b Welche Sätze passen zusammen? Notiert ins Heft. Manchmal gibt es zwei Möglichkeiten.

1. Robbie schreibt Herrn Dr. Winter einen Brief,
2. Robbie war nicht so nett zu Nadja,
3. Nadja mag Reggae und Rastalocken nicht,
4. Nadja hat nur Markenkleidung an
5. Robbie hat früher Rockmusik gespielt,
6. Robbie hat Nadja alles erklärt,

A und sie trägt zu viele Ketten und Ringe.
B aber jetzt mag er am liebsten Reggae.
C denn er hat ein großes Problem.
D trotzdem versteht Nadja Robbie nicht.
E außerdem gefällt ihr Robbies Kleidung nicht.
F deshalb ist Nadja wütend auf Robbie.

c Herr Dr. Winter antwortet. Ergänzt im Heft. Es gibt mehrere Möglichkeiten.

Lieber Robbie,
auch deine Freundin hat ein Problem mit dir, 🐾 sie liebt den Robbie von früher. 🐾 findet sie
deine Veränderung nicht gut, 🐾 haben ihre Freunde die gleiche Meinung. 🐾 deine Freundin
ist auch anders als früher, 🐾 magst du sie noch. 🐾 das musst du ihr ganz ruhig und nett sagen
🐾 du schreibst ihr einer Brief. …

d Gebt Robbie Ratschläge. Was würdet ihr machen?

Ich würde meine Haare schneiden. Denn die Frisur …

…, außerdem kann Robbie ja …

denn, und, aber, oder

Nadja hat ein Problem mit dir,
denn sie (liebt) den Robbie von früher.

außerdem, deshalb/darum, trotzdem

Nadja findet die Veränderungen nicht gut.
Außerdem (haben) ihre Freunde die
gleiche Meinung.

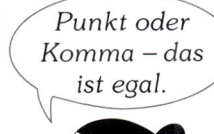

Punkt oder Komma – das ist egal.

4 Das Veränderungsspiel

Spielt zu dritt. Zwei machen die Augen
zu. Der Dritte verändert an sich selbst
drei Sachen. Die anderen öffnen die
Augen wieder und beschreiben die
Veränderungen mit *und* und *außerdem*.

Deine Haare sind anders und du hast einen Hut auf. Außerdem trägst du jetzt keine Brille mehr.

5 Parkour

 a Seht die Bilder an und lest den Text. Wie findet ihr Parkour?

Niemals stehen bleiben

Parkour ist ein beliebter Sport aus Frankreich. Immer mehr junge Menschen machen diesen Sport. Sie heißen Traceure.

Man sucht neue Wege, wenn man durch die Stadt oder durch den Park läuft. Das ist Parkour. Wir haben mit zwei Traceuren aus Leipzig gesprochen. „Man bleibt niemals stehen. Das ist wichtig. Zum Beispiel läuft man nicht die Treppe runter, sondern man springt einfach über das Geländer", erklärt uns Thomas. Er ist schon drei Jahre Traceur. Sein Freund Raffael ist erst ein Jahr dabei, aber auch für ihn ist Parkour sehr wichtig: „Ich trainiere jeden Tag, auch auf dem Weg zur Schule oder zu Freunden. Man muss sich die ganze Zeit gut konzentrieren."

„Parkour ist meine Leidenschaft."

„Ich denke, dass Parkour nicht gefährlicher ist als Fußball."

Die jungen Traceure lieben Parkour, weil sie gerne laufen, klettern, springen und weil sie gerne draußen sind. „Außerdem finde ich es toll, dass es keine Regeln und Wettkämpfe gibt. Wettkämpfe mag ich nicht", sagt Raffael. „Ich bin einfach total glücklich, wenn ich einen neuen Trick oder Sprung schaffe", erzählt Thomas. Aber man kann sich auch schnell verletzen, wenn man einmal nicht fit ist. Außerdem muss man vorsichtig sein, wenn es geregnet hat. Hier in Leipzig trainieren die Jungen und Mädchen dann drinnen in der Halle.

Interessiert ihr euch auch für diesen Sport? Schnuppern könnt ihr jeden Dienstag um 18 Uhr. Treffpunkt ist die Halle im Laagberg-Gymnasium.

b Lest noch einmal und beantwortet die Fragen.

1. Wo trainiert man normalerweise?
2. Wo trainiert man in Leipzig, wenn es regnet?
3. Wie oft trainiert Raffael?
4. Wann ist Thomas glücklich?
5. Wann ist Parkour gefährlich?
6. Was kann man machen, wenn man Interesse an Parkour hat?

> Draußen, zum Beispiel im Park oder …

> 1. draußen, im Park, …

6 Leidenschaften

a Was ist eure Leidenschaft? Schreibt Sätze ins Heft.

Ich liebe …, weil …   Ich freue mich, wenn …
Ich finde es gut, dass …   Man muss vorsichtig sein, wenn …

> Bei Nebensätzen steht das Verb immer am Ende.

Meine Leiden-
schaft ist Mangas
zeichnen.
Ich liebe Mangas,
weil …

Nebensätze mit weil, wenn, dass		
Ich liebe Parkour,	**weil**	ich gerne (laufe).
Man muss aufpassen,	**wenn**	es (geregnet hat).
Ich finde es gut,	**dass**	man beim Zeichnen kreativ (sein kann).

b Sprecht in der Klasse über eure Leidenschaften.

7 Notruf 112

a Hört den Notruf. Wer ist verletzt? Was ist passiert? Und wo war das?

2.27

b Lest die E-Mails. Hört dann das Gespräch. Welche E-Mail ist von Raffael? Welches Foto passt zu welchem Wort in den E-Mails?

2.28

A … Im Krankenhaus hat der Arzt meine Hand und meinen Rücken untersucht. Die Hand ist gebrochen. Zwei Stunden später hatte ich eine Operation. Der Arzt hat gesagt, ich soll eine Nacht im Krankenhaus bleiben. Außerdem soll ich zwei Monate keinen Sport machen! So ein Mist! …

B … Der Arzt im Krankenhaus hat gesagt, dass ich am Rücken nur einen blauen Fleck habe. Aber meine Hand ist verletzt. Der Arzt hat einen Verband gemacht. Ich soll die Hand nicht so viel bewegen. Der Arzt hat auch gesagt, wenn ich Fieber bekomme, soll ich sofort zum Hausarzt gehen. Und ich soll zwei Wochen nicht zum Training gehen! …

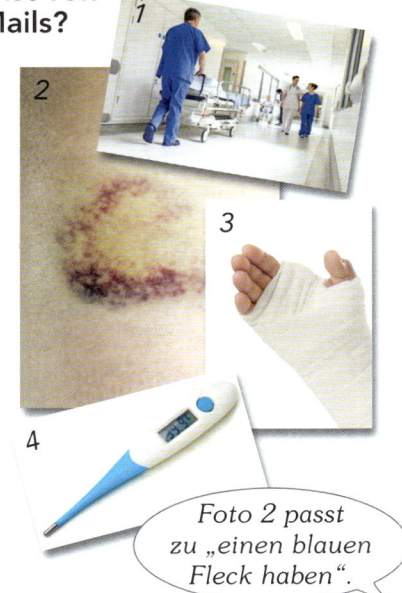

Foto 2 passt zu „einen blauen Fleck haben".

8 Aber der Arzt hat gesagt …

a Raffaels Mutter schimpft. Was antwortet Raffael? Erfindet Ausreden.

Raffael, räum das Chaos hier auf!

Sieh nicht so viel fern!

Iss nicht so viel Chips und Kekse!

Bring deine Sportsachen in dein Zimmer!

Du musst für den Test in Bio lernen.

Telefonier nicht so lange!

nicht denken • liegen bleiben • sich ausruhen • viel schlafen • nicht aufstehen • Freunde anrufen • viel essen • nichts tragen • …

Aber der Arzt hat gesagt, ich soll viel essen.

Mama, ich soll …

sollen

Der Arzt sagt: „Ruh dich aus. Du darfst nicht aufstehen."
Der Arzt hat gesagt, ich **soll** mich ausruhen. Ich **soll** nicht aufstehen.

b Spielt die Szene zu zweit.

 c Übersetzt Raffaels Ausreden und vergleicht: Wie sagt man in eurer Sprache, dass man etwas (nicht) machen soll?

9 Haben Sie ein Rezept?

2.29

a In welchem Gespräch hört ihr die Wörter? Ordnet zu. Nicht alle Wörter kommen vor.

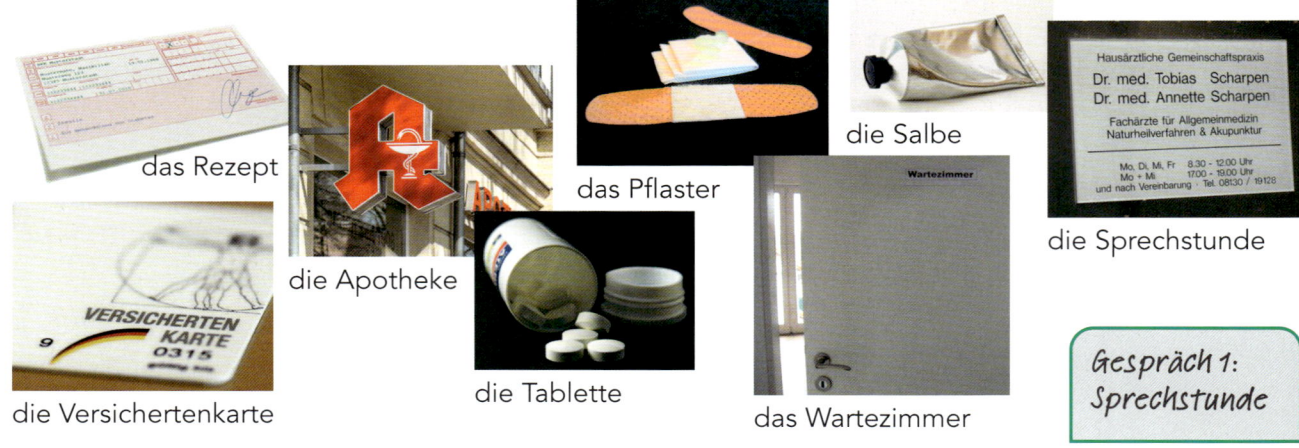

das Rezept

die Apotheke

das Pflaster

die Salbe

die Sprechstunde

die Versichertenkarte

die Tablette

das Wartezimmer

Gespräch 1:
Sprechstunde

b Hört noch einmal. Richtig oder falsch? Korrigiert die falschen Sätze.

1. Raffael kann am Nachmittag in die Sprechstunde kommen.
2. Raffael hat keine Grippe, aber er ist erkältet.
3. Raffael hat die Versichertenkarte vergessen.
4. Raffael kann sofort mit der Ärztin sprechen.
5. Die Frau möchte Medikamente für ihren Mann.
6. Für die Medikamente braucht man ein Rezept.

> 1. f
> Die Praxis ist am Nachmittag
> geschlossen. / Raffael kann
> morgen Vormittag in die
> Sprechstunde kommen.

10 Projekt: Pech beim Sport – Unsere Verletzungshitliste

Welchen Sport habt ihr schon einmal gemacht? Sammelt alle Sportarten in eurer Klasse. ● Fragt eure Mitschüler: Gibt es in euren Sportarten viele Unfälle? Hattet ihr auch schon mal Pech: einen Unfall oder eine Verletzung? ● Macht eine Hitliste mit den gefährlichsten Sportarten in eurer Klasse.

> HITLISTE
> 1 Fußball: 20 Unfälle/Verletzungen
> (Knieverletzungen, blaue Flecke …)
> 2 Reiten: 8 Unfälle
> (Kopfverletzungen, …)

11 Wortakzent

2.30

a Hört zu und lest die Wörter dann laut.

Krankenhaus • Verband • Fieber • Geburtstag • Schmerztabletten • Verletzung • Arztpraxis • Besuch • Sprünge • Entschuldigung • Ergebnis

b Schreibt die Tabelle ins Heft und ordnet die Wörter aus 11a zu. Achtet auf die Betonung.

Akzent vorne	Akzent nicht vorne
Krankenhaus	Verband

2.31

c Wo ist der Wortakzent? Lest laut. Klopft zu jeder Silbe. Klopft beim Wortakzent stärker und betont stark. Hört zur Kontrolle.

1. krank – die Krankheit – die Krankheiten – das Krankenhaus
2. verletzen – verletzt – die Verletzung – die Verletzungen
3. springen – der Sprung – die Sprünge

Kannst du das schon?

Aussehen beschreiben
- Nadja hat lange, blonde Haare.
- Sie hat moderne Kleidung an.
- Sie trägt eine braune Jeans und ein blaues T-Shirt.
- Sie sieht natürlich/hübsch/sympathisch/… aus.

Veränderungen beschreiben
- Nadjas Haare sind anders.
- Außerdem hat sie eine Mütze auf.
- Und sie trägt neue Kleidung.
- Nadja ist geschminkt.
- Außerdem sind ihre Fingernägel lila.

Nebensätze mit *dass*, *weil* und *wenn*
- 🔵 Ich mag es nicht, wenn du dich so schminkst.
- ⚪ Und ich finde, dass deine Frisur komisch aussieht. Außerdem gehe ich nicht zu deinem Konzert, weil ich Reggae nicht mag.

Unfall
der Notruf | die Verletzung | der Verband | die Operation | das Fieber | der blaue Fleck | die Schmerztablette | gebrochen | verletzt | ruhig halten

sollen
- Der Arzt hat gesagt, ich soll mich ausruhen.
- Außerdem soll ich den Arm ruhig halten.
- Der Arzt hat gesagt, ich soll im Bett bleiben.
- Außerdem hat er gesagt, ich soll nicht denken.
- Und er hat gesagt, ich soll viel schlafen.
- Außerdem soll ich Tabletten nehmen.

- Du lebst hinter dem Mond!
- Du spinnst ja!
- So ein Mist!
- Was ist denn passiert?

Noch einmal, bitte

Aussehen beschreiben
Wie sieht Nadja aus? Schreibt drei oder vier Sätze.

Veränderungen beschreiben
Beschreibt die Veränderungen bei Nadja. Verwendet *außerdem* und *und*.

Nebensätze mit *dass*, *weil* und *wenn*
Ergänzt den Dialog:
- 🔵 *Ich mag es nicht, ____ du dich so schminkst.*
- ⚪ *Und ich finde, ____ deine Frisur komisch aussieht. Außerdem gehe ich nicht zu deinem Konzert, ____ ich Reggae nicht mag.*

Unfall
Nennt möglichst viele Unfall-Wörter.

sollen
Ihr hattet einen Unfall. Was sollt ihr tun? Schreibt vier Sätze. Beginnt so:
Der Arzt hat gesagt, ich soll mich ausruhen. Außerdem soll …

Du lebst hinter dem Mond!

Wir lernen:
Zeitangaben | über Medien sprechen | jemanden
höflich bitten oder auffordern | Anzeigen verstehen
Modalverben im Präteritum: *durfte, musste, …* |
Verben mit Dativ und Akkusativ: *Ich gebe dir einen
Tipp.*

Elektronische Freunde

1 Was ist denn das?

a Welche Dinge kennt ihr? Was kann man damit machen?

> das Radio • das Telefon • der Plattenspieler mit Platten •
> der Fernseher • der MP3-Player • der Computer mit Bildschirm •
> der CD-Player • das Handy • der Nintendo • die Playstation •
> das Tablet

*Das schwarze Ding
links oben ist ein
Telefon.*

 2.32

b Hört den Text. Ergänzt die Zeitleiste.

1876	1900	1930	1950	1970	1981	2000

Telefon

2 Medien in meiner Welt

**a Welche Medien habt ihr? Welche verwendet
ihr nicht mehr? Seit wann? Sammelt in der
Gruppe und stellt die Ergebnisse vor.**

*Ich verwende meinen
CD-Player nicht mehr.*

Seit wann?

*Seit ein
paar Jahren.*

Zeitangaben und Jahreszahlen
2008 = zweitausendacht
1990 = neunzehnhundertneunzig
Wann? → **zwischen** 1950 **und** 1970
von 2001 **bis** 2005
Seit wann? → **seit** 50 Jahre**n**
seit 1989

 **b Macht ein Interview mit euren Eltern. Welche Medien hatten sie? Welche
verwenden sie jetzt? Schreibt einen Medienlebenslauf.**

Meine Mutter hat 1980 das erste eigene Radio bekommen. Sie war damals 10 Jahre alt. …

3 Medien im Alltag?

a Lest den Text. Welche Überschrift passt?

Schüler sind zwei Stunden täglich im Internet • Ab 10 Jahren sind (fast) alle online •
Jungen und Mädchen chatten gern • Videos ansehen ist wichtiger als Netzwerke

Das Internet ist heute das wichtigste Medium. Und (fast) alle nutzen es: Nur 5 Prozent der Kinder im Alter von zehn Jahren können oder dürfen in Deutschland das Internet nicht benutzen. Ab 15 Jahren sind alle Jugendlichen normalerweise jeden Tag online. 10-Jährige sind etwa 20 Minuten täglich online, 16-Jährige circa zwei Stunden.

Die wichtigsten Aktivitäten sind Filme und Videos ansehen, soziale Netzwerke nutzen und Informationen für die Schule suchen.

Jungen spielen viel mehr als Mädchen. Wenn sie im Internet sind, spielen sie über 40% ihrer Zeit und chatten nicht oft. Mädchen verbringen ihre Internetzeit hauptsächlich in Chatrooms und spielen weniger als die Jungen.

Die Jugendlichen finden aktuelle Informationen meistens im Internet. Fernsehen und Zeitungen sind nicht so wichtig. Sie verwenden vor allem das Smartphone, wenn sie im Internet surfen. „Ohne Handy geht es nicht", sagen sie.

b Lest den Text noch einmal: Was passt zusammen? Notiert die Sätze ins Heft.

1. Fast alle 10-jährigen Kinder
2. Alle 16-Jährigen in Deutschland sind
3. Mädchen chatten
4. Jugendliche suchen aktuelle Informationen
5. Wenn Jugendliche ins Internet gehen,

A täglich ca. zwei Stunden im Internet.
B dürfen in Deutschland das Internet benutzen.
C benutzen sie meistens das Smartphone.
D viel lieber und häufiger als Jungen.
E vor allem im Internet.

1. Fast alle 10-jährigen Kinder …

4 Internet bei uns

a Wie benutzt ihr das Internet? Lest die Fragen und sammelt noch drei weitere Fragen. Macht einen Klassenspaziergang: Stellt jede Frage zwei anderen Schülern.

Wie lange bist du im Durchschnitt online?
Wer benutzt in der Familie das Internet am meisten?
Für welche Aktivitäten gehst du online?

Wie lange bist du im Durchschnitt online?
Eva-Maria: 2 Stunden oder mehr
Frederik: …

b Wie hat das Internet die Arbeit und das Leben verändert? Arbeitet zu dritt. Überlegt: Wer ist nicht mit dem Internet groß geworden? Wählt fünf Personen und macht Interviews mit ihnen. Präsentiert die Ergebnisse in der Klasse.

Was hat sich verändert: bei der Arbeit, beim Einkaufen, …? Sind die Kontakte zu Freunden anders? Benutzen die Personen Medien heute anders?

14

5 Handy-Sorgen

a Seht die Bilder an. Wer sagt was?

Mein Handy ist weg. Man hat es gestohlen.

Warum hast du nicht geantwortet?

Er hatte keinen Empfang.

Ich habe mein Handy abgemeldet. Aus und vorbei!

Pia sagt vielleicht …

b Hört die Gespräche. Richtig oder falsch? Notiert im Heft.

2.33

1. Nadja konnte Pia nicht anrufen, weil ihr Handy gesperrt ist.
2. Paul musste sein Handy holen, weil er den Trainer anrufen wollte.
3. Anton wollte seinen Vater anrufen, aber das Handy war weg.
4. Robbie hat sein Handy abgemeldet, weil er nicht mehr denken konnte.

> 1 – r

c Arbeitet zu zweit. Fragt und antwortet. Benutzt die Modalverben im Präteritum.

Warum 🐾 Nadja nicht mehr telefonieren?
Was 🐾 Paul beim Training machen?
Warum 🐾 Paul zur Polizei gehen?
Warum 🐾 Boris nicht anrufen?
Warum 🐾 die Freunde Robbie nicht anrufen?

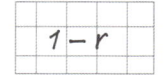

Nadja durfte nicht mehr telefonieren, weil …

Modalverben im Präteritum
dürfen
ich **durfte**
er/sie **durfte**
sie **durften**
ich **wollte, musste, konnte**

6 Da ist mir was passiert!

Hast du schon einmal Probleme mit dem Handy gehabt? Oder ist etwas Lustiges passiert? Erzählt in der Gruppe und nehmt das Gespräch auf.

eine SMS von der falschen Person bekommen • ein peinliches Foto bekommen • das Handy sperren/abmelden • die/den PIN vergessen • keinen Empfang haben • der Akku leer sein • eine Nachricht falsch schicken • das Handy vergessen • das Handy verwechseln • kein Guthaben mehr haben

Ich hatte mein Handy noch nicht lange. Ich wollte …

7 Das tut man nicht!

a Kennt ihr solche Situationen? Was kann man tun?

1. Du sitzt im Bus. Die Person neben dir erzählt am Telefon laut von ihren Problemen.
2. Du redest mit deiner Freundin. Sie bekommt eine Nachricht und schreibt sofort eine Antwort.
3. Jemand hat schon zum zweiten Mal spät abends deine Nummer gewählt und stört dich.
4. Dein Freund telefoniert immer lang, wenn du bei ihm bist.
5. In der Bibliothek ist es leise, aber der Schüler neben dir telefoniert.
6. Du möchtest im Zug lesen, aber die anderen Leute hören sehr laut Musik.

> *Man kann einfach weggehen.*

> *Ich würde sagen: …*

> *Könnten Sie bitte draußen telefonieren?*

b Arbeitet zu zweit. Schreibt zu jeder Situation in 7a eine höfliche Bitte. Der Kasten hilft.

> leise sprechen • das Handy ausschalten • die Musik leiser machen • nur kurz telefonieren • später antworten • aufpassen • morgen noch mal anrufen

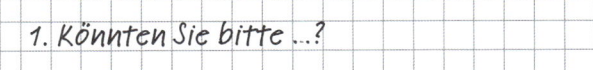

1. Könnten Sie bitte …?

jemanden höflich bitten oder auffordern

(Könnten) Sie bitte draußen (telefonieren)?

(Könntest) du später (antworten)?

(Könntet) ihr bitte …?

 c Notiert die höflichen Bitten aus 7b in eurer Sprache. Vergleicht.

8 Betonung in Aufforderungen

 a Ordnet die Sätze von *höflich* bis *unhöflich* im Heft. Hört zur Kontrolle.

2.34

> Dein Handy, bitte! • Gib mir dein Handy! • Her mit dem Handy! • Kannst du mir dein Handy geben? • Könntest du mir bitte dein Handy geben? • Gibst du mir dein Handy?

sehr höflich → sehr unhöflich

Könntest du mir …

 b Hört die Sätze. Welche klingen freundlich, welche unfreundlich?

2.35

freundlich: 1, …   unfreundlich:

> *Hört! Hört! Die Betonung ist oft wichtiger als die Wörter!*

c Sagt die Sätze einmal mit freundlicher Betonung, einmal mit unfreundlicher Betonung. Arbeitet zu zweit.

Bitte mach die Musik leiser! • Mach bitte weiter, wir haben keine Zeit! • Kannst du bitte aufhören? Könntest du mir einen Stift geben? • Mach Schluss, bitte! • Mach jetzt deine Hausaufgaben!

9 Gesucht

a Lest die Anzeigen 1 bis 4. Was suchen die Leute? Notiert zwei oder drei Informationen aus jedem Text.

1

Musik hören ist gut, Musik machen ist besser. Wir suchen einen Raum zum Proben. Nicht zu teuer. Und einen Sänger! Wenn du einen Raum hast und noch dazu singen kannst, dann bist du total richtig. Mail an rock_frontmen@gmx.de oder Nachricht an 0172/37563124

2

Wer hat einen billigen Flatscreen und einen Receiver, mit viel Speicher, mindestens 500 GB? Meiner ist kaputt und ich kann mir keinen neuen kaufen. Ich gebe dir dafür CDs, wenn du willst. Ruf mich an: Tina 0157/37563124

3

Hallo ihr! Ich suche Poster, Autogrammkarten und DVDs von Tim Bendzko. Verkaufe auch einige Spiele für PS4 und Xbox: Battlefield, Witcher, Fifa und andere. Wir können auch tauschen, wenn du willst. m.e.sagichnicht@yahoo.de

4

Alle Bücher von **Lemony Snicket** haben mir gut gefallen oder auch **„Tintenherz"** von **Cornelia Funke**. Gibst du mir ein paar Buchtipps? Oder leihst du mir ein paar Bücher? Ich passe gut auf und gebe sie dir schnell zurück. Hanna.Berger@chello.de

1. ein Raum zum Proben, …

b Lies die Antworten. Zu welcher Anzeige passen sie?

A Möchtest du „Der Goldene Kompass" von Philipp Pullmann lesen? Oder die „Unendliche Geschichte"? Diese Bücher kann ich dir gern leihen. Und du leihst mir auch ein paar Bücher, okay? Eva 0712 / 36 15 427

B Spiele brauche ich nicht. Aber ich kann dir gern ein paar Poster verkaufen. Schick mir eine Mail, wenn du die Poster sehen möchtest. Über den Preis können wir diskutieren. Lilly_4020@juchu.de

C Meinen Fernseher (80 cm) mit Receiver kannst du gern haben. Preis: 40 € und 5 CDs. Ist doch okay, findest du nicht? Orhan, 0732 / 689 4721

D Ich kann nicht singen, aber ich spiele Bass! Und ich kenne einen Raum zum Proben. Die Miete ist gar nicht hoch. suzyquattro2@web.de

Text	1	2	3	4
Antwort				

10 Tauschen in der Klasse

a Was sucht ihr? Ergänzt die Sätze.

1. Kannst du 🐾 🐾 geben?
2. Leihst du 🐾 🐾?
3. Verkaufst du 🐾 billig 🐾?

Verben mit Dativ und Akkusativ		
Ich gebe	**dir**	**einen guten Tipp**.
Kannst du	**mir**	**die CD** leihen?
Ich kann	**euch**	**ein Poster** verkaufen.

b Schreibt eine Frage wie in 10a auf einen Zettel. Sucht einen Partner. Fragt und antwortet. Tauscht dann eure Zettel.

Kannst du mir die Mathe-hausaufgabe geben?

Leihst du mir die CD von Cassandra Steen?

Mach doch Mathe selber. Sonst lernst du es nie.

Kannst du das schon?

Zeitangaben
– Ich hatte von 2005 bis 2010 einen CD-Player.
– Seit 2012 habe ich ein Handy mit Internet.
– Seit zwei Jahren habe ich einen Computer.

Über Medien sprechen
– Ich surfe mit dem Tablet im Internet.
– Mit dem Handy kann ich telefonieren und Nachrichten schicken.
– Ich mache Spiele mit dem Nintendo.
– Im Fernsehen sehe ich Serien und Filme an.

Modalverben im Präteritum
– Ich musste mit dem Trainer telefonieren.
– Ich durfte nicht anrufen.
– Ich wollte das Handy von Stefan haben.
– Aber Stefan konnte mir sein Handy nicht geben.
– Er hatte kein Guthaben mehr.

jemanden höflich bitten oder auffordern
– Könntest du bitte die Musik leiser machen?
– Könntest du bitte draußen telefonieren?
– Könntest du bitte später anrufen?

Verben mit Dativ und Akkusativ
– Kannst du mir dein Matheheft geben?
– Leihst du mir heute die DVD von Cro?
– Bringst du mir morgen das Deutschbuch mit?
– Kaufst du mir ein Eis?

– Aus und vorbei!
– Leihst du mir deine Mathehausaufgabe?
– Mach's doch selber!
– Ist doch okay, findest du nicht?

Noch einmal, bitte

Zeitangaben
Welche Medien hattet ihr früher? Wann genau? Seit wann habt ihr ein Handy und einen Computer?

Über Medien sprechen
Was macht ihr mit diesen Medien? Schreibt Sätze.

Modalverben im Präteritum
Erzählt die Geschichte im Präteritum:
Ich muss mit dem Trainer telefonieren. Ich darf nicht anrufen. Ich will das Handy von Stefan haben. Aber Stefan kann mir sein Handy nicht geben. Er hat kein Guthaben mehr.

jemanden höflich bitten oder auffordern
Was sagt ihr eurem Partner? Formuliert drei höfliche Bitten.
Er/Sie hört sehr laut Musik.
Er/Sie telefoniert, aber du möchtest lernen.
Er/Sie ruft an, aber du kannst jetzt nicht sprechen.

Verben mit Dativ und Akkusativ
Ihr wollt etwas von eurem Partner. Bildet Fragen:
– geben
– leihen
– bringen
– kaufen

Aus und vorbei!

Wir lernen:
über Berufe sprechen | Berufswünsche äußern |
eine Radioreportage verstehen
Zeitangaben mit Präpositionen | *werden* | *also* |
Ortsangaben mit Präpositionen

Nach der Schule

> Nadja ist beim Friseur. Ich denke, sie …

1 Wie hat es dir gefallen?

a Seht die Bilder an. Wo sind Nadja, Robbie, Pia und Kolja? Warum? Was passiert?

der Friseur / die Friseurin, Haare schneiden/
färben, den Boden fegen, der Besen

der Radiosender, der Moderator, ins Mikrofon
sprechen, das Tablett, eine Sendung machen

der Tierarzt / die Tierärztin, die Praxis, eine
Spritze geben, den Hund streicheln

die Werkstatt, der Automechaniker, der Motor-
roller, reparieren, Reifen wechseln

2.36

b Hört das Gespräch. Über was sprechen die vier Freunde?
Was haben sie gemacht? Sammelt in der Klasse.

Nadja	Robbie	Pia	Kolja
beim Friseur arbeiten			
….			

c Wählt eine Person und schreibt drei bis vier Sätze über ihren Tag.

Nadja hat beim Friseur gearbeitet. Sie hat …

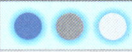

2 Pauls E-Mail

a Lest die E-Mail von Paul über seinen Praktikumstag. Welches Praktikum hat er gemacht? Was will er später machen?

Hallo Pia,
na, wie war dein Tag bei der Tierärztin? Bestimmt toll, stimmt's? Ich bleibe am Wochenende noch bei meinem Onkel in Göttingen und erhole mich! Vorgestern habe ich ihm geholfen. Er ist Elektriker. Seine Firma hat gerade einen großen Auftrag in der Uni-Mensa. Rate mal, wo wir am Mittag gegessen haben …
Aber jetzt mal von Anfang an:
Der Arbeitstag hat schon um Viertel nach sieben angefangen, also musste ich um sechs Uhr aufstehen. Um halb zehn hatten wir die erste Pause. Zum Glück machen Handwerker immer ein zweites Frühstück – ich war schon total hungrig. Vor der Pause bin ich mit meinem Onkel mitgegangen, aber nach der Pause und bis zum Abend bin ich dann nur herumgelaufen und habe Kabel getragen. Ich habe immer noch Muskelkater! Aber endlich weiß ich, was ich nach dem Abitur machen möchte! Beim Mittagessen in der Mensa konnte ich nämlich die Studenten beobachten: Alle waren ziemlich cool und haben lange Pause gemacht. Die Stimmung war super. Und stell dir vor: Im Sommer haben sie drei Monate Ferien!!! Also habe ich beschlossen, dass ich später auch studieren möchte. Vielleicht Fremdsprachen?! Und du studierst Tiermedizin und wir treffen uns mittags immer in der Mensa!
Übermorgen komme ich zurück, ich bin um 17.28 Uhr am Hauptbahnhof. Holst du mich ab?
Grüß die anderen von mir! Bis bald
Paul

b Was hat Paul wann gemacht? Was will er wann machen? Findet die Informationen im Text und sammelt an der Tafel.

> um sechs Uhr • beim Mittagessen • am Wochenende •
> um Viertel nach sieben • um halb zehn • um 17.28 Uhr •
> vor der Pause • später • nach der Pause • bis zum Abend •
> übermorgen • vorgestern • mittags • nach dem Abitur

> Um sechs Uhr ist Paul aufgestanden.

3 Ein besonderer Tag

a Wählt zu zweit einen Tag aus. Jeder schreibt seinem Partner / seiner Partnerin eine E-Mail über diesen Tag. Verwendet viele Zeitangaben.

der letzte Sonntag • der letzte Ferientag • mein letzter Geburtstag

Liebe Eva,
was hast du letzten Sonntag gemacht? Ich hatte einen tollen Tag. Ich bin erst um neun Uhr aufgestanden, dann …

Viele Grüße
Christian

Lieber Christian,
heute will ich dir vom letzten Sonntag schreiben. Ich bin schon um sieben Uhr aufgestanden, weil …

Bis bald
Eva

Zeitangaben

bis heute Abend
um halb acht
von acht **bis** neun Uhr

**an, in, vor,
nach, zu + Dativ:**
am Morgen
in den Ferien
vor dem Essen
nach dem Frühstück
zum Geburtstag

b Vergleicht eure Texte. Was macht ihr gleich, was macht ihr anders?

4 Zukunftsträume

a Was möchten die Schüler werden? Warum? Sammelt Stichpunkte an der Tafel.

Rita

Torsten

Joshua und Harald

Lea

Ein Studium ist nichts für mich, ich möchte eine praktische Ausbildung machen. Ich möchte anderen Leuten helfen. Außerdem interessiere ich mich für Medizin, also werde ich Krankenschwester.

Alle lachen über mich, aber ich möchte einen sicheren Beruf – also am besten Beamter in einem Büro. Da verdient man nicht schlecht und hat wenig Stress am Arbeitsplatz. Genau das will ich!

Unser Traumberuf ist Astronaut. Einmal in den Weltraum fliegen und die Erde von oben sehen! Das ist bestimmt fantastisch. Aber wenn das nicht geht, dann werden wir Piloten!

Ich liebe Bücher über alles und habe schon mit 12 Jahren selbst Geschichten geschrieben. Alle sagen, dass ich Talent habe. Deshalb werde ich Schriftstellerin – und hoffentlich reich und berühmt.

> Rita: Krankenschwester   Grund: praktisch arbeiten / interessiert sich für …

b Schließt das Buch. Wählt eine Person und schreibt mit den Stichpunkten einen kurzen Text.

> Rita wird Krankenschwester. Sie …

werden	
ich werde	wir werden
du wirst	ihr werdet
er/es/sie wird	sie werden

5 Berufswahl begründen

a Welcher Beruf passt? Ergänzt die Sätze.

Informatiker/in • Architekt/in • Banker/in • Journalist/in • Ingenieur/in • Schauspieler/in

1. Maike liebt Filme, also möchte sie …
2. Peter findet Maschinen toll und plant gern, also möchte er …
3. Paul ist fast schon ein Profi für Computerprogramme, …
4. Laura interessiert sich für Häuser und Gebäude, …
5. Anna beschäftigt sich viel mit Zahlen und Geld, …
6. Maria interessiert sich für Politik und schreibt gern, …

also
Maike liebt Filme, **also** möchte sie Schauspielerin werden.

„Also" und „deshalb" sind fast gleich.

b Welche Berufe schreibt oder spricht man in eurer und anderen Sprachen ähnlich? Sammelt und vergleicht.

6 Projekt: Dein Zukunftstraum

Was wollt ihr werden? Macht ein 1-Minuten-Video von einem Partner oder einer Partnerin.

Überlegt: Was wollt ihr zeigen? Wer spricht? Wo wollt ihr den Film aufnehmen? Welche Effekte (Musik, Licht, Kostüme, …) könnt ihr benutzen? ● Zeigt das Video in der Klasse. Ihr könnt es auch eurer Partnerklasse oder einer anderen Deutschklasse schicken.

7 Lisa im Verlag

a Seht euch die Fotos und Sätze aus Lisas Bericht an. Welche Texte passen zu welchem Foto?

Mein Praktikum

A

B

C

D

E

F

1. Manchmal muss ich für alle kopieren. Na ja! • *2. Warum habe ich immer so viel Arbeit???* •
3. Die Arbeit ist interessant. Meine Chefin erklärt mir sehr viel. • *4. Besprechung und Planung
für die nächste Woche – jeder bekommt Aufträge.* •
5. Endlich mal frische Luft! • *6. Mittagessen in der Kantine*

> *Ich glaube, Satz 1 passt zu Foto B.*

2.37
b Hört die Szenen. Welches Foto passt? Sammelt an der Tafel.

c Lest die Sätze. Korrigiert die
Fehler und schreibt die Sätze richtig ins Heft.

A Lisa sitzt unter ihrer Kollegin.
B Lisa steht auf dem Kopierer.
C Lisa sitzt zum Tisch in einen Besprechungsraum.
D Lisa geht in der Kantine. Ein Kollege sitzt auf einem Tisch.
E Lisa geht bei der Post. Im Gebäude sind viele Autos.
F Ein Kollege geht schon bei der Arbeit nach Hause.

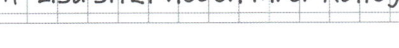
A Lisa sitzt neben ihrer Kollegin.

Ortsangaben mit Präpositionen

aus, bei, nach, von, zu + Dativ:
Sie geht **aus dem** Haus.
Sie fährt **zur** Post.

**in, an, auf, unter, über, vor, hinter,
neben, zwischen + Dativ oder
Akkusativ:**
Wo?   Das Glas steht **auf dem** Tisch.
Wohin? Lisa stellt das Glas **auf
        den** Tisch.

8 Tu, was wir sagen!

Spielt zu viert oder zu fünft. Ein Schüler
ist ein „Roboter". Die anderen sagen ihm,
was er tun soll. Verwendet die Präpositionen
aus 7c. Jeder Schüler gibt dem Roboter eine
Aufgabe. Wenn der Roboter alles gemacht
hat, wechselt ihr.

> *Setz dich auf einen Tisch!*

> *Geh zur Tafel!*

9 Nicht wie alle anderen

a Seht die Fotos an. Sind diese Berufe bei euch typisch für Männer oder für Frauen?

b Bildet eine Mädchen- und eine Jungengruppe. Was ist für euch wichtig bei der Berufswahl? Arbeitet mit dem Wörterbuch und sammelt in eurer Gruppe. Macht eine Hitliste.

| Spaß | ~~IIII~~ II |
| Geld | III |

c Vergleicht die Listen. Welche Unterschiede gibt es zwischen Mädchen und Jungen?

10 Girls' Day

2.38

a Lest die Texte. Was ist der Girls' Day? Hört die Radioreportage und wählt die richtige Antwort.

A Den Girls' Day gibt es seit über 15 Jahren. Er ist ähnlich wie der Muttertag, aber für Mädchen. In der Familie feiert man die Töchter und sie bekommen ein kleines Geschenk. Für Jungen gibt es das noch nicht.

B Viele Mädchen haben keinen Berufswunsch, also sollen sie am Girls' Day erste Arbeitserfahrungen sammeln. An diesem Tag gehen sie mit ihren Eltern oder Bekannten in die Arbeit und nicht in die Schule.

C Den Girls' Day gibt es seit über 15 Jahren. Mädchen können untypische Berufe für Frauen kennenlernen. Sie sind nämlich auch in technischen Schulfächern oft sehr gut. Trotzdem wählen viele Mädchen traditionelle Frauenberufe.

b Hört die Reportage noch einmal und ordnet die Sätze. Schreibt sie ins Heft.

1. Der Girls Day ist immer am
2. Am Girls Day können Mädchen zwischen
3. Mädchen sind in der Schule oft
4. Also sollen Mädchen auch typisch
5. Den Girls Day gibt es
6. Der Tag gefällt
7. Einige haben an diesem Tag schon

A männliche Berufe kennenlernen.
B besser als ihre Mitschüler.
C vierten Donnerstag im April.
D seit 2001.
E 10 und 15 Jahren teilnehmen.
F ihren Traumberuf gefunden.
G 90 % der Teilnehmerinnen.

11 Satzmelodie

2.39

a Hört die Sätze und Fragen. Geht die Satzmelodie am Satzende nach oben 👍, nach unten 👎 oder bleibt sie gleich ✋? Zeigt mit dem Daumen.

b Lest die Sätze laut. Achtet auf die Satzmelodie. Hört noch einmal zur Kontrolle.

Lisa geht aus dem Haus. • Geht sie zur Arbeit? • Ja, zuerst zur Arbeit und dann noch zu einer Party. • Wann kommt sie zurück? • Erst um elf Uhr nachts. • Ist das nicht zu spät? • Das glaube ich nicht, weil sie morgen ausschlafen kann.

2.40

c Hört die Sätze und sprecht nach. Zeigt die Satzmelodie mit dem Daumen.

Kannst du das schon?

über Berufe sprechen
- Automechaniker: die Werkstatt, reparieren, Reifen wechseln, das Auto, das Motorrad
- Tierärztin: die Praxis, eine Spritze geben, Tiere halten und streicheln
- Moderator: der Radiosender, ins Mikrofon sprechen
- Friseur: Haare schneiden, Haare färben, kämmen, schminken

Berufe
die Ingenieurin / die Krankenschwester / der Pilot / die Schriftstellerin / der Informatiker / die Architektin / der Banker / die Journalistin / der Schauspieler / der Elektriker

Zeitangaben mit Präposition mit Dativ
Ich gehe nach dem Frühstück zur Schule.
Ich mache am Samstag Sport.
Ich schminke mich vor der Party.
In den Ferien fahre ich ans Meer.

Berufswünsche ausdrücken
Rita wird Krankenschwester.
Joshua und Harald möchten Piloten werden.
Ich werde reich und berühmt.

Sätze mit *also*
Pia liebt Tiere, also möchte sie Tierärztin werden.
Ich will einen sicheren Beruf, also werde ich Beamter.

Ortsangaben mit Präposition mit Dativ und mit Dativ oder Akkusativ
Lisa geht früh **aus** dem Haus und fährt **zur** Arbeit.
Sie sitzt mit einem Kollegen **im** Zimmer und arbeitet **am** Computer.
Sie kopiert und legt alles **auf** den Tisch.
Sie schickt eine E-Mail **an** eine Kollegin.

Na, wie war dein Tag?
Mann, das war cool!
Das klingt echt gut!
Sehr lustig …
Ja, mach ich.

Noch einmal, bitte

über Berufe sprechen
Was passt zu diesen Berufen? Nennt Wörter und Aktivitäten:
Automechaniker
Tierärztin
Moderator
Friseur

Berufe
Nennt sieben weitere Berufe.

Zeitangaben
Wann macht ihr das?
Bildet Sätze:
zur Schule gehen | Sport machen | sich schminken | ans Meer fahren

Berufswünsche ausdrücken
Was werden sie später?
Rita – Krankenschwester; Joshua und Harald – Piloten; du – ?

Sätze mit *also*
Verbindet die Sätze:
Pia liebt Tiere. Sie möchte Tierärztin werden. | Ich will einen sicheren Beruf. Ich werde Beamter.

Ortsangaben
Ergänzt die Sätze:
Lisa geht früh aus __ Haus und fährt __ Arbeit. Sie sitzt mit einem Kollegen __ Zimmer und arbeitet __ Computer. Sie kopiert und legt alles __ __ Tisch. Sie schickt eine E-Mail __ __ Kollegin.

Na, wie war dein Tag?

Finale

1 Wiederholungsspiel: „Zwei gewinnt"

Spielt zu zweit.

Ihr braucht ein Geldstück. Außerdem braucht jeder drei Spielfiguren in einer Farbe. Und so geht's:

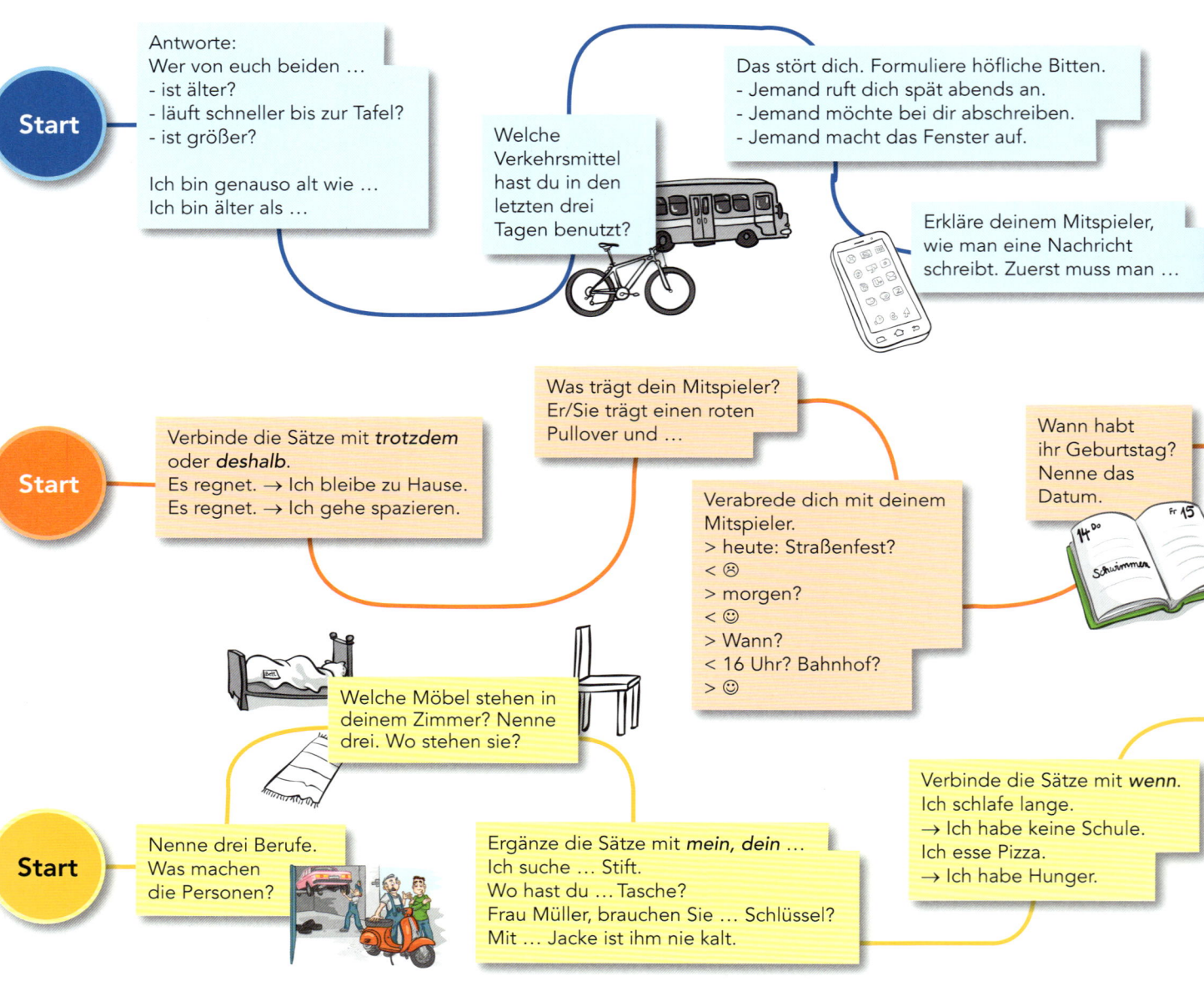

Start

Antworte:
Wer von euch beiden …
- ist älter?
- läuft schneller bis zur Tafel?
- ist größer?

Ich bin genauso alt wie …
Ich bin älter als …

Welche Verkehrsmittel hast du in den letzten drei Tagen benutzt?

Das stört dich. Formuliere höfliche Bitten.
- Jemand ruft dich spät abends an.
- Jemand möchte bei dir abschreiben.
- Jemand macht das Fenster auf.

Erkläre deinem Mitspieler, wie man eine Nachricht schreibt. Zuerst muss man …

Start

Verbinde die Sätze mit *trotzdem* oder *deshalb*.
Es regnet. → Ich bleibe zu Hause.
Es regnet. → Ich gehe spazieren.

Was trägt dein Mitspieler?
Er/Sie trägt einen roten Pullover und …

Verabrede dich mit deinem Mitspieler.
> heute: Straßenfest?
< ☹
> morgen?
< ☺
> Wann?
< 16 Uhr? Bahnhof?
> ☺

Wann habt ihr Geburtstag? Nenne das Datum.

Welche Möbel stehen in deinem Zimmer? Nenne drei. Wo stehen sie?

Verbinde die Sätze mit *wenn*.
Ich schlafe lange.
→ Ich habe keine Schule.
Ich esse Pizza.
→ Ich habe Hunger.

Start

Nenne drei Berufe. Was machen die Personen?

Ergänze die Sätze mit *mein, dein* …
Ich suche … Stift.
Wo hast du … Tasche?
Frau Müller, brauchen Sie … Schlüssel?
Mit … Jacke ist ihm nie kalt.

Strafaufgaben

| Mach deinem Mitspieler zwei Komplimente. | Lauf dreimal um euren Tisch. | Zähle auf Deutsch bis 30. | Dein Mitspieler diktiert dir ein Wort. Schreib es auf. | Geh mit einer Figur einen Schritt zurück. |

- Ein Spieler stellt seine drei Spielfiguren auf die drei Startfelder links, der andere auf die drei Startfelder rechts.
- Bewegt die Figuren abwechselnd mit einer Münze: 🪙 = 1 Schritt 🪙 = 2 Schritte
- Löst die Aufgabe auf dem Feld. Richtig? Die Figur bleibt dort.
  Falsch? Dein Mitspieler wählt eine Strafaufgabe von unten für dich aus. Er darf jede Strafaufgabe nur einmal wählen.
- Wer hat zuerst zwei Figuren auf der anderen Seite? Gewonnen!

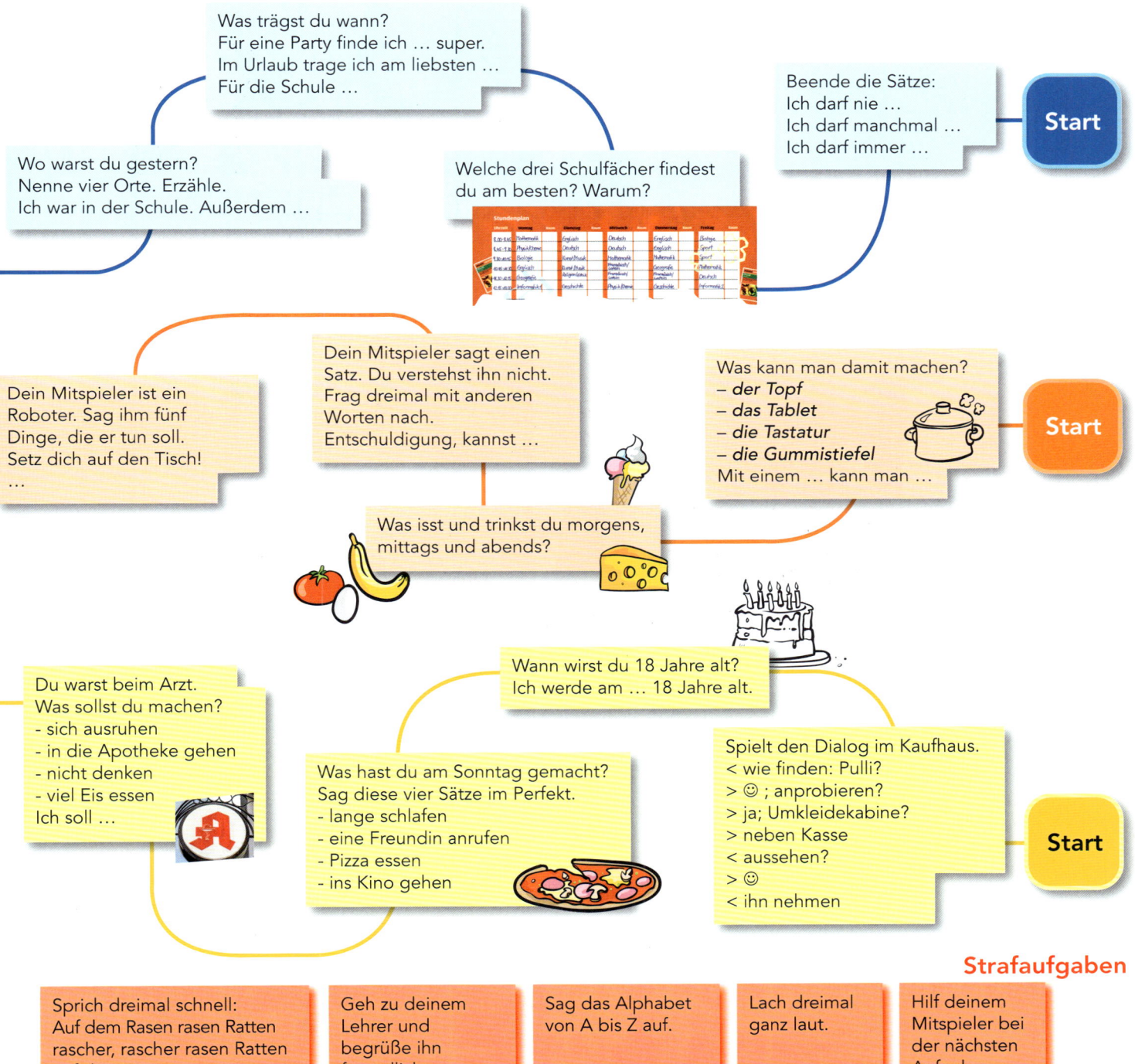

Was trägst du wann?
Für eine Party finde ich … super.
Im Urlaub trage ich am liebsten …
Für die Schule …

Beende die Sätze:
Ich darf nie …
Ich darf manchmal …
Ich darf immer …

Start

Wo warst du gestern?
Nenne vier Orte. Erzähle.
Ich war in der Schule. Außerdem …

Welche drei Schulfächer findest
du am besten? Warum?

Dein Mitspieler ist ein
Roboter. Sag ihm fünf
Dinge, die er tun soll.
Setz dich auf den Tisch!
…

Dein Mitspieler sagt einen
Satz. Du verstehst ihn nicht.
Frag dreimal mit anderen
Worten nach.
Entschuldigung, kannst …

Was kann man damit machen?
– *der Topf*
– *das Tablet*
– *die Tastatur*
– *die Gummistiefel*
Mit einem … kann man …

Start

Was isst und trinkst du morgens,
mittags und abends?

Du warst beim Arzt.
Was sollst du machen?
- sich ausruhen
- in die Apotheke gehen
- nicht denken
- viel Eis essen
Ich soll …

Wann wirst du 18 Jahre alt?
Ich werde am … 18 Jahre alt.

Spielt den Dialog im Kaufhaus.
< wie finden: Pulli?
> ☺ ; anprobieren?
> ja; Umkleidekabine?
> neben Kasse
< aussehen?
> ☺
< ihn nehmen

Start

Was hast du am Sonntag gemacht?
Sag diese vier Sätze im Perfekt.
- lange schlafen
- eine Freundin anrufen
- Pizza essen
- ins Kino gehen

Strafaufgaben

Sprich dreimal schnell: Auf dem Rasen rasen Ratten rascher, rascher rasen Ratten auf dem Rasen.	Geh zu deinem Lehrer und begrüße ihn freundlich.	Sag das Alphabet von A bis Z auf.	Lach dreimal ganz laut.	Hilf deinem Mitspieler bei der nächsten Aufgabe.

2 Ein Schuljahr in (D)-(A)-(CH)

a Seht das Foto an und lest die kurzen Texte zum Foto. Würdet ihr gern ein Jahr ins Ausland gehen? Warum? Warum nicht? Wohin würdet ihr gern gehen?

Ein Jahr in Deutschland, Österreich oder in der Schweiz: Das ist mehr als nur die Sprache lernen. Du lebst in einer Gastfamilie, erlebst den Alltag und lernst neue Freunde kennen.

Diese Schüler haben das Abenteuer gewagt und berichten euch von ihren Erfahrungen.

Linnea aus Schweden ist in Köln, Ethan aus England in Innsbruck, Yosuke aus Japan in Dresden und Ana aus Mexiko ist in St. Gallen.

b Lest die Texte und die Plakate von Linnea, Ethan, Yosuke und Ana. Welches Foto passt zu welchem Text oder Plakat?

> Foto 1 ist sicher das Wahrzeichen von St. Gallen, nämlich die …

Hier in Innsbruck gefällt es mir sehr gut, denn ich liebe die historische Altstadt mit den schönen, alten Gebäuden. Und es gibt auch tolle, moderne Sachen. Das Wahrzeichen heißt das „Goldene Dachl". Es ist ungefähr 500 Jahre alt. Ich habe schnell verstanden, warum es so heißt: Die Leute hier sprechen Tirolerisch und sagen nie „-chen", sie machen alles klein mit einem „-l": Also ist „a Wegl" ein kleiner Weg, „a Häusl" ist ein kleines Haus. Und ein „Dachl"? Ganz einfach, stimmt's?
Aber es gibt viele Wörter, die ich zuerst nicht verstanden habe: Wenn mich jemand grüßt, sagt er „Griaß di!" und wenn er geht, sagt er „Pfiat di!" Skifahren ist hier besonders wichtig. Alle meine Freunde können Ski oder Snowboard fahren, denn hier gibt es im Winter viel Schnee.

A

KÖLN

Bundesland: Nordrhein-Westfalen

Wahrzeichen: Kölner Dom (das berühmteste Wahrzeichen von Deutschland)

typischer Snack: Halve Haan: ein halbes Roggenbrötchen mit Käse und Zwiebeln. Lecker!

Fußball: 1. FC Köln hat eine eigene Hymne auf Kölsch: „Mir stonn zo dir, FC Kölle" (= Wir stehen zu dir, FC Köln) und ein echtes Tier als Maskottchen: Hennes, der Geißbock

Was mir aufgefallen ist: Es gibt viele verschiedene Brotsorten, schwarz, grau, aus Karotten, aus Kartoffeln usw. Der Kuchen ist nicht so süß wie in Schweden!!!

B

Die Leute in Dresden sind sehr freundlich, aber oft kann ich nicht alles verstehen. Jetzt weiß ich aber, dass „Nu" „Ja" heißt. Und „Blume" heißt auf Sächsisch „Bliemschn". Ich finde den Dialekt cool, aber ich habe gehört, viele Deutsche finden ihn furchtbar.

Ich finde es auch toll, dass es in der Schule nicht so viele Prüfungen gibt wie in Japan. Deshalb haben die deutschen Schüler weniger Stress. Sie haben viel Freizeit und viele Hobbys. In Japan ist die Schule wichtiger.

Gestern habe ich das Wahrzeichen der Stadt besucht. Es ist die Frauenkirche. Sie war nach dem Krieg lange kaputt, aber die Menschen haben Geld gesammelt und jetzt sieht sie tatsächlich wieder aus wie früher. Kirchen finde ich interessant, denn in Japan gibt es fast keine.

Außerdem freue ich mich schon auf die Weihnachtszeit. Dann esse ich jeden Tag Dresdner Christstollen.

C

St. Gallen

Kanton: St. Gallen

Sehenswürdigkeiten: Notrufzentrale: sieht aus wie ein UFO, das Dach kann man öffnen.

Stadtlounge: hinsetzen, Eis essen, entspannen

Wahrzeichen: barocke Stiftskirche mit Bibliothek: älteste Bibliothek in der Schweiz, einige Texte sind über 1000 Jahre alt!!!

Sprache: Schweizerdeutsch, St. Galler Dialekt: z. B. Mir träffe üs = Wir treffen uns.

Spezialität: St. Galler Biberli: Lebkuchen mit Mandelfüllung. Soooo lecker!

St. Galler Hobby: Fahrrad fahren. Fahrradtouren am Bodensee sind sehr beliebt und machen richtig Spaß!

D

 c **Findet die Informationen auf den Plakaten und in den Texten. Ergänzt die Tabelle im Heft.**

Stadt	Essen	Sehenswürdigkeiten	Dialekte	Sonstiges
		Frauenkirche	Sächsisch	...

d **Hört zu. Welcher Dialekt ist das?**

2.41

Kölsch • Tirolerisch • Sächsisch • St. Galler Dialekt

> Ich glaube, Nr. 1 ist Sächsisch.

> Nein, das ist bestimmt …

e **Für welche Stadt in Ⓓ-Ⓐ-ⒸⒽ interessiert ihr euch? Macht Plakate wie in 2b.**

3 Unsere Klassenzeitung

Macht eine Zeitung für eure Deutschklasse. Bildet Gruppen und erledigt dann eine Aufgabe.

Unsere Klassenzeitung

Bildredaktion

Macht Fotos von allen Klassenkameraden oder malt Porträts von ihnen. Schreibt etwas zu jeder Person unter die Bilder.

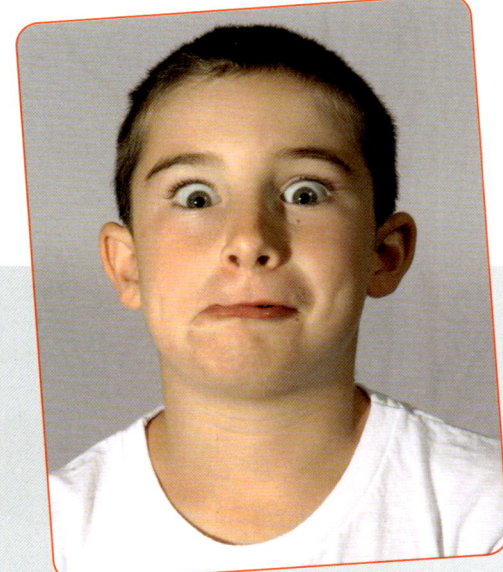

Bernd, unser Klassenclown

Tolle Sprüche

Was hat euer Lehrer Komisches im Unterricht gesagt? Was war besonders lustig von einem Mitschüler? Sammelt die besten Sprüche für eure Zeitung.

der, das, die – das lern ich nie!!!

Ein Interview: Unser Lehrer

Denkt euch Fragen für euren Lehrer aus. Macht ein Interview mit ihm und schreibt die Fragen und Antworten in die Zeitung.

Redaktion: Frau Müller, wir waren eine tolle Klasse, stimmt's?
Frau Müller: Ja, meistens. Aber einige von euch haben keine Hausaufgaben gemacht. Das war anstrengend.
Redaktion: …

Rätselecke

Denkt euch Rätsel für eure Mitschüler aus. Es können Fragen sein, ein Kreuzworträtsel oder ein Suchrätsel. Setzt es in die Zeitung.

Finde die richtige Antwort:
1. Welches Tier ist bunt und kann fliegen?
2. Welcher Mensch läuft am schnellsten?
3. Was bekommt man in Deutschland am ersten Schultag?

Comicredaktion

Erinnert ihr euch an eine besonders witzige Situation oder ein gutes Spiel in der Klasse? Zeichnet Situationen für eure Zeitung.

> ?

> Griaß di, Herr Lehrer.

Elfchen

Schreibt Gedichte mit elf Wörtern für eure Zeitung.

So verteilen sich die Wörter:

____

____ ____

____ ____ ____

____ ____ ____ ____

____

> Musik
> brauche ich
> mache ich täglich
> ist in meinem Kopf
> immer

> Wir
> gehören zusammen
> heute und morgen
> wie Sonne und Regen
> Freundschaft

Rekorde, Rekorde

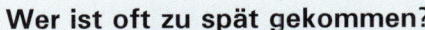

Denkt euch Fragen zu Rekorden in der Klasse aus. Macht dann eine Umfrage. Schreibt die Ergebnisse in eure Zeitung.

> **Wer ist oft zu spät gekommen?**
> 1. Lars
> 2. ...
>
> **Wer kennt die meisten Wörter?**
> 1. Nathalie
> 2. ...

Noch mehr Ideen?

Vielleicht habt ihr eigene Ideen für eure Zeitung. Dann macht noch etwas ganz anderes. Hier sind noch ein paar Ideen:

- Berichte über Ausflüge
- eure deutschen Lieblingswörter
- die schönsten Arbeiten, Plakate und Hefteinträge mit Logisch!
- Grüße von Schülern an Schüler
- Witze
- deutsche Wörter in eurer Sprache

Grammatikübersicht

Hauptsätze mit Konjunktionen – Übersicht

		Position 1	Position 2	
Nadja mag Robbie	**und**	Robbie	mag	Nadja.
Nadja mag Robbie,	**aber**	sie	mag	seine Musik nicht.
Robbie spielt Gitarre	**oder**	er	trifft	seine neuen Freunde.
Robbie ist sauer,	**denn**	Nadja	versteht	ihn nicht.
Nadja hat lila Nägel,		**außerdem**	ist	sie geschminkt.
Robbie hat Rastalocken,		**trotzdem**	mag	Nadja ihn noch.
Nadja ist wütend,		**also**	streitet	sie mit Robbie.
Robbie streitet mit Nadja,		**deshalb**	ist	er traurig.

Nebensätze mit *weil, wenn, dass* – Übersicht

					Satzende
dass	Alle finden,	**dass**	Parkour toll		aussieht.
weil	Parkour macht Spaß,	**weil**	man draußen	trainieren	kann.
wenn	Parkour ist gefährlich,	**wenn**	es	geregnet	hat.

Verb: *werden*

werden			
ich	werde	**wir**	werden
du	wirst	**ihr**	werdet
er/es/sie	wird	**sie/Sie**	werden

Später	werde	ich Krankenschwester.	
Er	will	reich	werden.
	Wirst	du mal Pilot?	

Modalverb: *sollen*

	Position 2		Satzende
Ich	soll	jeden Tag einen Apfel	essen.
Wann	soll	ich zu Hause	sein?
Mama sagt, du	sollst	um sechs zu Hause	sein.

Modalverb *dürfen* im Präteritum

dürfen			
ich	durfte	**wir**	durften
du	durftest	**ihr**	durftet
er/es/sie	durfte	**sie/Sie**	durften

	Position 2		Satzende
Ich	durfte	nicht zur Party	kommen.
Warum	durftest	du nicht	kommen?

 ## Höflich bitten oder auffordern

Könn**test**	du später noch mal	(anrufen)?
Könn**tet**	ihr bitte leise	(sein)?
Könn**ten**	Sie bitte leiser	(sprechen)?

Verben mit Dativ und Akkusativ

	Dativ	**Akkusativ**	
Ich **kaufe**	dir	ein Eis.	
Ihr könnt	eurer Mutter	einen Blumenstrauß	**schenken**.

Weitere Verben mit Dativ und Akkusativ: geben, erklären, leihen, verkaufen, schreiben, …

Zeitangaben mit Präpositionen

	mit Dativ
Bis heute Abend!	**Am** Morgen frühstücke ich viel.
Wir treffen uns **um** halb acht.	**In den** Ferien möchte ich nur faulenzen.
Das Training ist **von** acht **bis** neun Uhr.	Ich gehe **nach dem** Aufstehen ins Bad.
Ruf mich **zwischen** neun **und** zehn Uhr an.	Ich ruhe mich **vor dem** Essen aus.
	Ich habe **seit** zwei Jahren einen Computer.
	Ich schreibe Oma den Brief **zum** Geburtstag.

Ortsangaben mit Präpositionen

mit Dativ
Lisa geht **aus dem** Haus.
Sie fährt **zur** Post.
Raphael wartet **beim** Arzt.

Wo? → **mit Dativ**	**Wohin?** → **mit Akkusativ**
Der Kollege steht **im** Zimmer.	Sie bringt die Tassen **in die** Küche.
An der Ecke biegt sie rechts ab.	Sie schickt eine E-Mail **an eine** Kollegin.
Sie sitzt **auf dem** Stuhl.	Sie legt das Papier **auf den** Kopierer.
Vor der Tür begrüßt sie einen Kollegen.	Sie geht **vor die** Tür.

Weitere Wechselpräpositionen mit Dativ und Akkusativ: unter, über, hinter, neben, zwischen.

Fertigkeitstraining: Schreiben

1 Lernpartner

a Lest die Anzeigen. Wofür sind die Anzeigen?

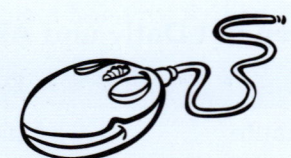

A **E-Mail-Freunde finden**
Du lernst Deutsch – kennst aber niemanden aus Deutschland, Österreich oder der Schweiz? Da haben wir was für dich! Wir suchen und finden E-Mail-Partnerschaften für Deutschlerner aus der ganzen Welt. Schreib uns: Wer bist du? Wie alt bist du? Wo wohnst du? Wo lernst du Deutsch (und seit wann)? Was machst du und was interessiert dich? Wir finden einen E-Mail-Partner oder eine E-Mail-Partnerin für dich.
DaF-Partner@service.de

B **Klassenpartnerschaft – sofort**
Ihr lernt Deutsch in der Schule und wollt endlich mit Leuten in eurem Alter auf Deutsch reden? Schreibt uns über eure Klasse: Wo ist eure Schule? Wie viele seid ihr? Wie lange lernt ihr schon Deutsch? Was macht ihr im Unterricht? Welche Themen interessieren euch?
Wir suchen für euch eine Partnerklasse. Ihr könnt euch zu Chats verabreden oder über Skype miteinander sprechen!
Klassenpartnerschaften@sofort.de

In Anzeige A kann man einen E-Mail-Partner oder …

b Welche Anzeige findest du interessanter? Wähle eine Anzeige aus und mach Notizen für eine Antwort. Welche Informationen sind wichtig?

Thema	
Ich:	14 Jahre alt
	Italien, Verona
Schule:	Scuola media
Deutsch:	seit zwei Jahren an der Schule
Interessen und Hobbys:	…

Ihr wisst nicht, was ihr schreiben sollt? Ist doch ganz einfach. Das steht in der Anzeige. Notiert die Themen aus der Anzeige auf einem Zettel. Lasst viel Platz! Schreibt dann zu jedem Thema Stichpunkte.

c Arbeitet mit einem Partner / einer Partnerin. Vergleicht eure Notizen und ergänzt sie.

d **Antwortet auf die Anzeige. Sucht passende Sätze aus dem Kasten und ordnet sie. Schreibt dann die E-Mail.**

Ich gehe in die … Klasse. • Wir sind eine … Klasse mit … Schülern. • Ich interessiere mich für Musik/Tiere/Sport/… • Ich mache gern Radtouren und … • Meine Hobbys sind … und … • Wir machen oft … • Ich komme aus … • Ich wohne in … • Wir sind eine Klasse aus … • Ich lerne / wir lernen seit … Jahren/Monaten Deutsch an der Schule. • Ich suche einen E-Mail-Partner / eine E-Mail-Partnerin. • Wir suchen eine Partnerklasse. • Im Deutschunterricht machen wir kleine Projekte und … • Mein Name ist … / Ich heiße … / Ich bin … • Hallo, … / Guten Tag, … • Vielen Dank und ich freue mich auf eine Antwort • Danke und viele Grüße

Hallo,
ich heiße Laura und bin …

Im Brief oder in der E-Mail macht man nach der Anrede ein Komma, dann schreibt man klein weiter.

2 Mailpartner gesucht – Antwort bekommen!

a **Lest die E-Mail. Ein Computervirus hat einige Teile kaputt gemacht. Schreibt die Mail richtig ins Heft. Der Kasten hilft.**

Außerdem spiele ich auch sehr gerne • danach gleich meine Hausaufgaben • ist älter als ich und Lisa ist jünger • Außerdem haben wir • schreibe ich etwas über mich • Sie ist schwarz und • und es gibt Mittagessen • und ich komme • Von Montag bis Freitag • machst du in deiner Freizeit

Hallo …,
mein Name ist Dominik ⌘ ☒ ★ aus Österreich. Ich wohne in Graz. Ich gehe in die achte Klasse. Ich habe deine E-Mail-Adresse von Daf-Partner bekommen.
Am besten ¥ ☒ ⇦ i ❶: Ich habe zwei Schwestern, Anna und Lisa. Anna ✹ ⍓ ⟐ ☒ ⌘ ✧ ✹ ⍓. 🕓 💣 ◆ eine Katze. ❖ ✹ ■ ⌘ heißt Minka. Sie ist jetzt fünf Jahre alt und sehr faul. Sie liegt fast immer bei uns auf dem Sofa.
🖫 ④ ✍ ③ habe ich fast immer bis zwei Uhr Schule, dann komme ich nach Hause ⌘ • ♋ ⚐.
Meistens mache ich 🕒 ⇗ 🕐 ♑. Am Nachmittag treffe ich mich oft mit Freunden. Meine Hobbys sind Fußball spielen und klettern. 🕓 € ☒ ⭘ ♐ ➩ mit Freunden Computerspiele.
Was ↘ ⚐ ⟐ ☺ ☺? Hast du Geschwister?
Ich freue mich auf eine Antwort von dir.
Viele Grüße und bis bald
Dominik

Hallo, mein Name ist Dominik und ich …

b **Macht einen Steckbrief von euch. Notiert daneben Sätze wie in Dominiks Mail und in 1d.**

Name: Lea –> Mein Name ist Lea.
Alter: … –> Ich bin …

c **Schreibt eine Antwort an Dominik.**

Hallo Dominik,

Die Radtour

3 Drei Nachrichten

2.42

a Macht die Bücher zu und hört die drei Nachrichten auf den Anrufbeantwortern. Macht Notizen.

	Wer?	Wo?	Was?
Nachricht 1	Timo		

b Vergleicht eure Notizen mit eurem Partner / eurer Partnerin und ergänzt sie.

c Seht die Karte an. Zu welcher Nachricht in 3a passt die Karte? Wo machen die beiden anderen Anrufer ihre Radtour?

Singen
(Hohentwiel)

Radolfzell
am Bodensee

Mindelsee

Radolfzeller Aach

Rhein

Konstanz

Überlingen

Deggenhauser Aach

Aach

Meersbu

BODEN

Romanshorn

Murg

Sitter

d Macht drei Gruppen: A, B und C.

Gruppe A: Recherchiert im Internet. Wie viele Kilometer sind es rund um den Bodensee? Wie viele Tage braucht man mit dem Rad? Welche Sehenswürdigkeiten gibt es? Macht Notizen oder eine Tabelle.

> Tour: Rund um den Bodensee
> Kilometer insgesamt: ca. 220 km
> Tage: 7–8
> Sehenswürdigkeiten
> Friedrichshafen: Aussichtsturm, Schloss, Schlosskirche
> Lindau: ...

Gruppe B: Recherchiert im Internet. Wie viele Kilometer sind es von Passau nach Wien? Wie viele Tage braucht man mit dem Rad? Welche Sehenswürdigkeiten gibt es an der Donau? Macht Notizen oder eine Tabelle.

Gruppe C: Recherchiert im Internet. Wie viele Kilometer sind es von St. Moritz nach Innsbruck? Wie viele Tage braucht man mit dem Rad? Welche Sehenswürdigkeiten gibt es? Macht Notizen oder eine Tabelle.

e Sucht im Internet Fotos von den Sehenswürdigkeiten und macht Plakate mit euren Ergebnissen. Stellt eure Plakate in der Klasse vor.

iedrichshafe

Degersee

Lindau
am Bodensee

Bregenz

Bregenzer Ache

Rhein

Quellenverzeichnis

S. 8   1. Juriah – Bigstock
   2. oliveromg – shutterstock
   3. iofoto – shutterstock
   4. jean-marie guyon
   5. Jeff Cleveland – shutterstock

S. 9   Dieter Mayr
   1. Kokoulina – shutterstock
   2. Jearu – shutterstock
   3. Stefan Holm – shutterstock

S. 10   Klaus-Peter Wolf – AGE fotostock

S. 11   Roland Gibtner, Zorneding

S. 12   Von links nach rechts:
   mRGB – shutterstock
   canadastock – shutterstock
   jan kranendonk – shutterstock
   1. segjiole – fotolia
   2. aqariagirl1970 – fotolia
   3. Statue: Vladimir Wrangel – shutterstock;
   Schokolade: Sabine Franke
   4. SCPixBit – fotolia
   5. a.k. – fotolia

S. 17   Von oben nach unten:
   karepa – fotolia
   Angela Kilimann

S. 20   Fotos 1-3: Dieter Mayr
   Foto 4: Roland Gibtner, Zorneding

S. 24   Iakov Filimonov – shutterstock

S. 28   Monkey Business – fotolia

S. 29   A: Kaspars Grinvalds – fotolia
   B: Tomasz Zajda – fotolia

S. 30   Future Image – imago

S. 35   Dmitry Vereshchagin – fotolia

S. 36/37   Foto Loreley: docstockmedia – shutterstock
   Rheintalkarte: arttec grafik gmbh
   Rheinverlauf: Klett-Langenscheidt Archiv

S. 38   1. Tom Pennington – Getty
   2. Alexander Hassenstein – Getty
   3. Sven Simon – ddp images
   4. Doug Pensinger – Getty
   5. Marco Iacobucci EPP – shutterstock
   6. Haslam Photography – shutterstock

S. 39   Doug Pensinger – Getty

S. 40   INTERTOPICS – ddp images

S. 42   Segelfisch: Beth Swranson – shutterstock; Delfin: Tory Kallman – shutterstock; Usain Bolt: CAMERA PRESS/ Marcello Correia – ddp images; J. L. Calment: Eric Catarina – laif; Gepard: Anton_Ivanov – shutterstock; Paul Biedermann: Lars Baron – Getty; Javier Sotomayor: Seven Simon – imago; Schildkröte: ZoranOrcik – shutterstock

S. 45   Markus: David Pereiras – shutterstock; Laurin u. Kilian: Dieter Mayr

S. 46   alle Fotos: Dieter Mayr

S. 52   Dieter Mayr

S. 54   Dieter Mayr

S. 56   Roland Gibtner, Zorneding

S. 57   Paul Rusch

S. 60   alle Fotos: Dieter Mayr

S. 65   Alain Grosclaude/Agence Zoom – Getty

S. 66   1: imago/BPI
   2: Xinhua – imago

S. 67   3: C. Niehaus/Future Image – imago
   4: imago/AFLOSPORT

S. 68   Roland Gibtner, Zorneding

S. 69   Lisa S. – shutterstock

S. 72   MJTH – shutterstock

S. 76   alle Fotos: Dieter Mayr

S. 77   Dieter Mayr

S. 78   Roland Gibtner, Zorneding

S. 80   1: TTstudio – Bigstock
   2: Ms VectorPlus – Bigstock
   3: Georgiy – Bigstock
   4: Zoologischer Garten Berlin Aktiengesellschaft
   5: eska2005 – shutterstock

S. 81   Oscity – shutterstock

S. 82   Dieter Mayr

S. 83   ARochau – fotolia

S. 86   alle Fotos: Dieter Mayr

S. 87   alle Fotos: Dieter Mayr

S. 88   oben: Cordula Schurig; unten: Angela Kilimann

S. 96/97   1: Hans Joachim Kürtz
   2: spga – fotolia
   3: photo2000 – imago
   4: imago/Westend61
   5: Kitch Bain – shutterstock
   6: Mayrhofner Bergbahnen
   7: Markus Schweiss – wikimedia commons
   8: sophie berclaz – fotolia
   9: Manuel Schönfeld – fotolia
   10: Uwe Zucchi – dpa/picture-alliance

S. 99   Klett-Langenscheidt-Archiv

S. 100   beide Fotos: Stefan Strelow

S. 101   1: Spotmatik – iStockphoto
   2: Izabela Habur – iStockphoto
   3: Clay Ballard – fotolia
   4: red2000 – fotolia
   unten: Dieter Mayr

S. 102   Rezept: Kirchmaier-Gilg – fotolia; Versichertenkarte: A_Bruno – fotolia; Apotheke: Rolf G Wackenberg – shutterstock; Tabletten: Korovljevic Djordje – shutterstock; Pflaster: Michelle Milano – shutterstock; Salbe: Blaz Kure – shutterstock; Wartezimmer, Sprechstundenschild: Angela Kilimann

S. 104   Telefon mit Wählscheibe: Marius Hasnik – fotolia; altes Handy: Thomas – fotolia; CD-Player: graham tomlin – fotolia; alter Fernseher: dudek – fotolia; Platten: awfoto – fotolia; Plattenspieler: kldy – Bigstock; altes Radio: DeVIce – fotolia; modernes Radio: digitalreflections – shutterstock; alter Computer: Maxiphoto – iStockphoto; MP3-Player: Csák István – fotolia; Nintendo: Warren Millar – fotolia; Tablet: i-picture – fotolia; Spielkonsole: hbomuc – fotolia

S. 105   Jovanmandic – Thinkstock

S. 112   Von links nach rechts:
   asiseeit – iStockphoto
   Djura Topalov – iStockphoto
   bowdenimages – iStockphoto
   mtreasure – iStockphoto

S. 113   alle Fotos: Sibylle Freitag

S. 114   links: lostinbids – iStockphoto; rechts: kali9 – iStockphoto

S. 117   FooTToo – iStockphoto

S. 118   oben: FuturDigitalDesign – fotolia
   1: Xinhua – imago
   B: Christof Koepsel – Getty

S. 119   2: PeJo – shutterstock
   3: Paul Rusch
   4: Meinzahn – iStockphoto
   D oben: Daniel Schvarcz – imago
   D unten: Sabine Franke

S. 120   Brad Sauter – iStockphoto

S. 121   Ted Lim

S. 126/127   Radwegkarte: Anette Kannenberg; Pfahlbauten: Gerhard Köhler – fotolia; Romanshorn: Christian Bieri – fotolia; Friedrichshafen: Stadt Friedrichshafen und Zeppelin-Stiftung – Stadt Friedrichshafen; Lindau: Manuel Schönfeld – fotolia; Seebühne Bregenz: StefanRiedmüller – fotolia